Unsere Welt als Schauplatz der Geschichte

Als erkalteter Stern schwebt unsere Erde im Weltenraum, erhellt und erwärmt durch das Licht der Sonne. 71 Prozent der gesamten Erdoberfläche werden von den Weltmeeren eingenommen, so daß nur 29 Prozent für das feste Land übrigbleiben. In diesen begrenzten Raum ist der Mensch gestellt. Hier hat sich sein vergangenes Leben, das wir Geschichte nennen, abgespielt. Aber bei genauer Betrachtung wird unser Dasein noch mehr eingeengt; Hochgebirge, Urwälder, Wüsten, Polargebiete und Sümpfe eignen sich nicht zum Dauerwohnraum. Von 510 Mill. km² der Erdoberfläche insgesamt (Wassermassen = 360,7 Mill. km², Landmassen = 149,4 Mill. km²) verbleiben so nur 75 Mill. km² als eigentlicher Schauplatz der Weltgeschichte. Darin müssen sich nun die Menschen — Weiße, Schwarze und Gelbe — teilen; und von Tag zu Tag wird ihre Zahl größer, wächst sie schneller — in gewaltigen Zusammenballungen. Auf etwa 7 Prozent der Landfläche unserer Erde leben heute 70 Prozent der Menschheit!

Die ungeheure Ausdehnung des Weltenraums und der Kalender der Erdgeschichte erteilen eine Lehre, die uns Menschen nur demütig stimmen kann. Stellen wir uns vor, die ganze Erdgeschichte wäre in ein einziges Jahr zusammengepreßt, dann wären die ersten acht Monate gänzlich ohne Leben. Die nächsten zwei Monate würden den primitivsten Geschöpfen vorbehalten sein, die von Viren und einzelligen Bakterien bis zu den Quallen reichen, während die Säugetiere erst in der zweiten Dezemberwoche erscheinen würden. Der Mensch, so wie wir ihn kennen, wäre erst am 31. Dezember, etwa eine Viertelstunde vor Mitternacht, auf der Bühne erschienen, und die geschichtlich beglaubigte Zeit würde kaum mehr als die letzte Minute vor dem Glockenschlag des neuen Jahres einnehmen.

R. Carrington: Drei Milliarden Jahre

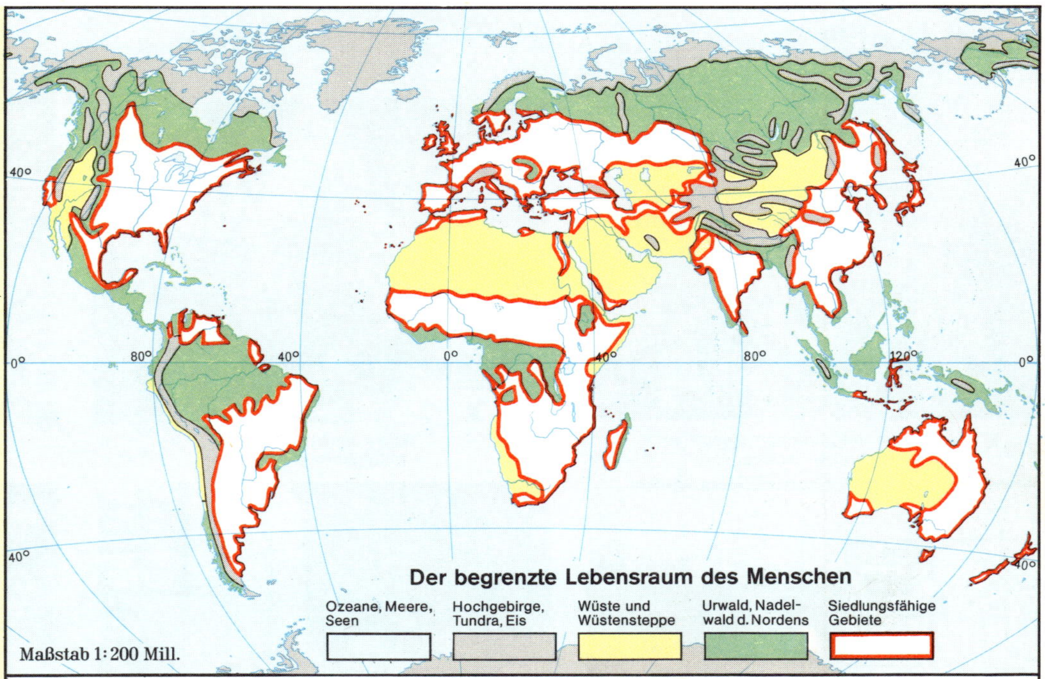

Der begrenzte Lebensraum des Menschen
Maßstab 1:200 Mill.

Ozeane, Meere, Seen | Hochgebirge, Tundra, Eis | Wüste und Wüstensteppe | Urwald, Nadelwald d. Nordens | Siedlungsfähige Gebiete

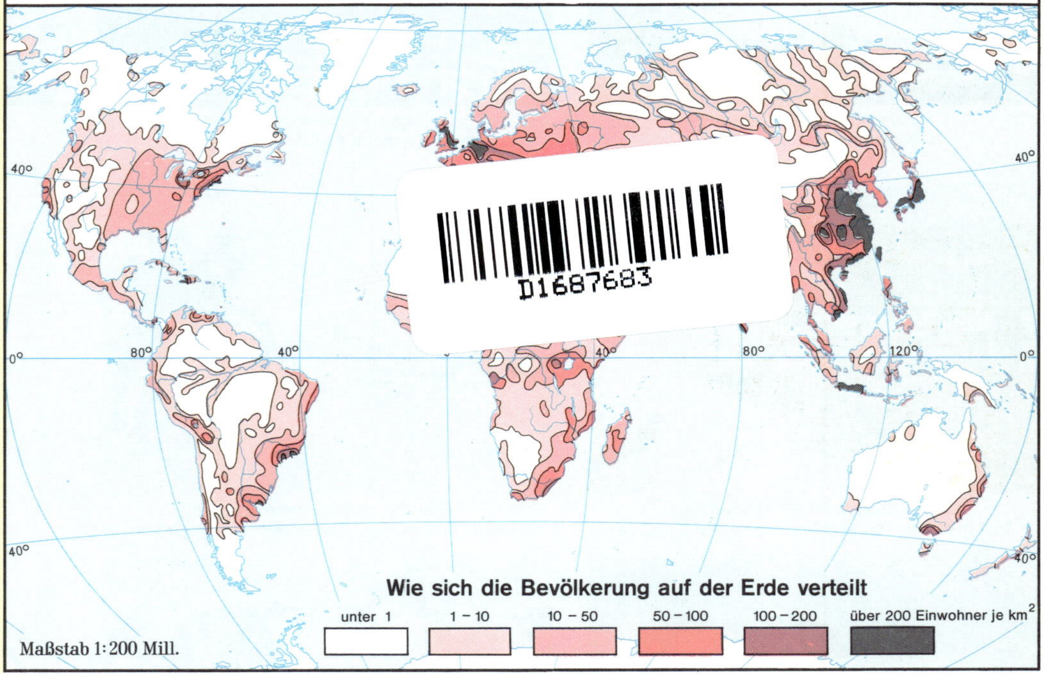

Wie sich die Bevölkerung auf der Erde verteilt
Maßstab 1:200 Mill.

unter 1 | 1–10 | 10–50 | 50–100 | 100–200 | über 200 Einwohner je km²

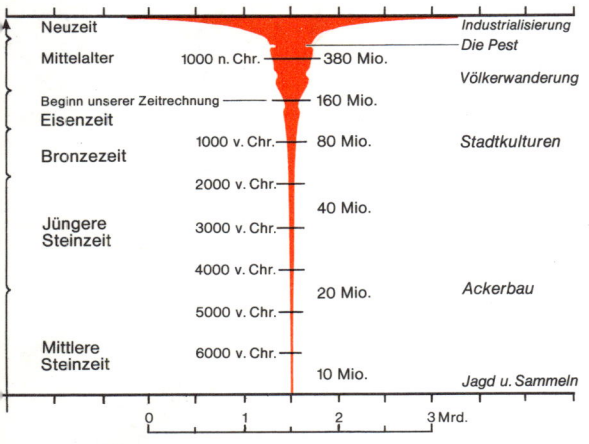

Das Anwachsen der Menschheit seit der Steinzeit

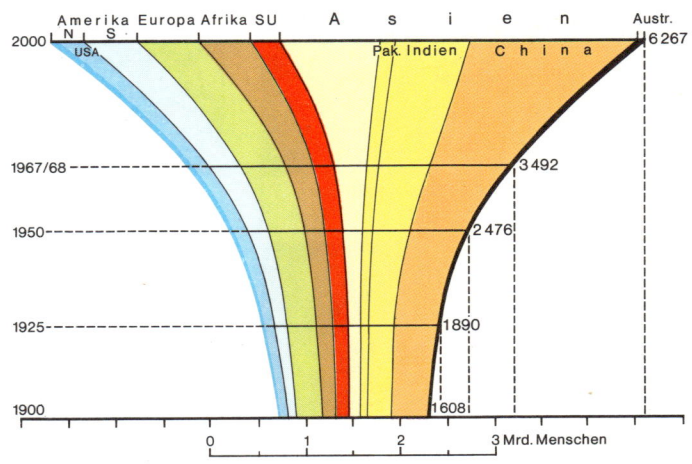

Die Bevölkerungsexplosion im 20. Jahrhundert

Anmerkungen zu den Atlaskarten. Für die einzelnen dargestellten Länder werden durchgehend dieselben Farben benutzt. Namen selbständiger Staaten erscheinen in Großbuchstaben. Schrägstriche bei Jahreszahlen (z.B. 1614/66) deuten darauf hin, daß dieselbe geschichtliche Erscheinung sowohl vom ersten als vom letzten Datum an gerechnet werden kann, daß sie aber erst vom letzten Zeitpunkt an endgültig geworden ist. Häufige Abkürzungen: Bm. = Bistum, Erzbm. = Erzbistum, Fsm. = Fürstentum, Gft. = Grafschaft, Grhzm. = Großherzogtum, Hzm. = Herzogtum, Kfsm. = Kurfürstentum, Kgr. = Königreich.

2 Rückblick in die Vergangenheit

Heute	Vor Jahrhunderten	Vor Jahrtausenden

Weltstädte mit Millionen Menschen:
Wolkenkratzer in New York

Alte Fachwerkhäuser:
Miltenberg am Main

In der Altsteinzeit bewohnte Höhle
bei Schelklingen (Schwäbische Alb)

Moderne Küche mit Elektroherd,
Kühlschrank und Abwaschtisch

Küche der Mutter Goethes
im Goethehaus zu Frankfurt am Main

Bronzezeitliche Feuerstelle mit Kochkessel
in Unteruhldingen am Bodensee

Landwirtschaft im 20. Jahrhundert:
Mähdrescher sparen Menschenkräfte und Zeit

Feldbestellung im Mittelalter
(nach einem angelsächsischen Kalendarium)

Hakenpflug der Steinzeit aus Eichenholz,
von Menschen, später von Tieren gezogen

Düsenflugzeuge verbinden die Kontinente
in wenigen Stunden

Reisewagen des 17. Jahrhunderts
(nach einem zeitgenössischen Holzschnitt)

Wagen aus dem Deibjerger Torfmoor
(Jütland), 4. Jh. v. Chr.

Massenvernichtungsmittel von heute:
Explosionspilz einer Atombombe

Kanonen bei der Belagerung (Nürnberger
Holzschnitt aus dem 16. Jahrhundert)

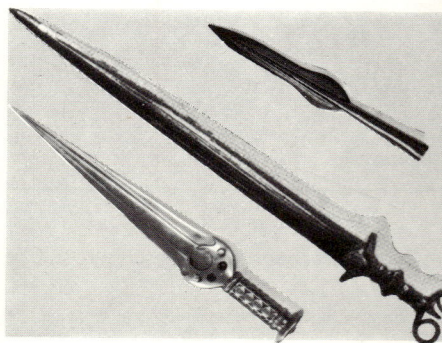
Waffen der Bronzezeit:
Lanzenspitze, Schwert und Dolch

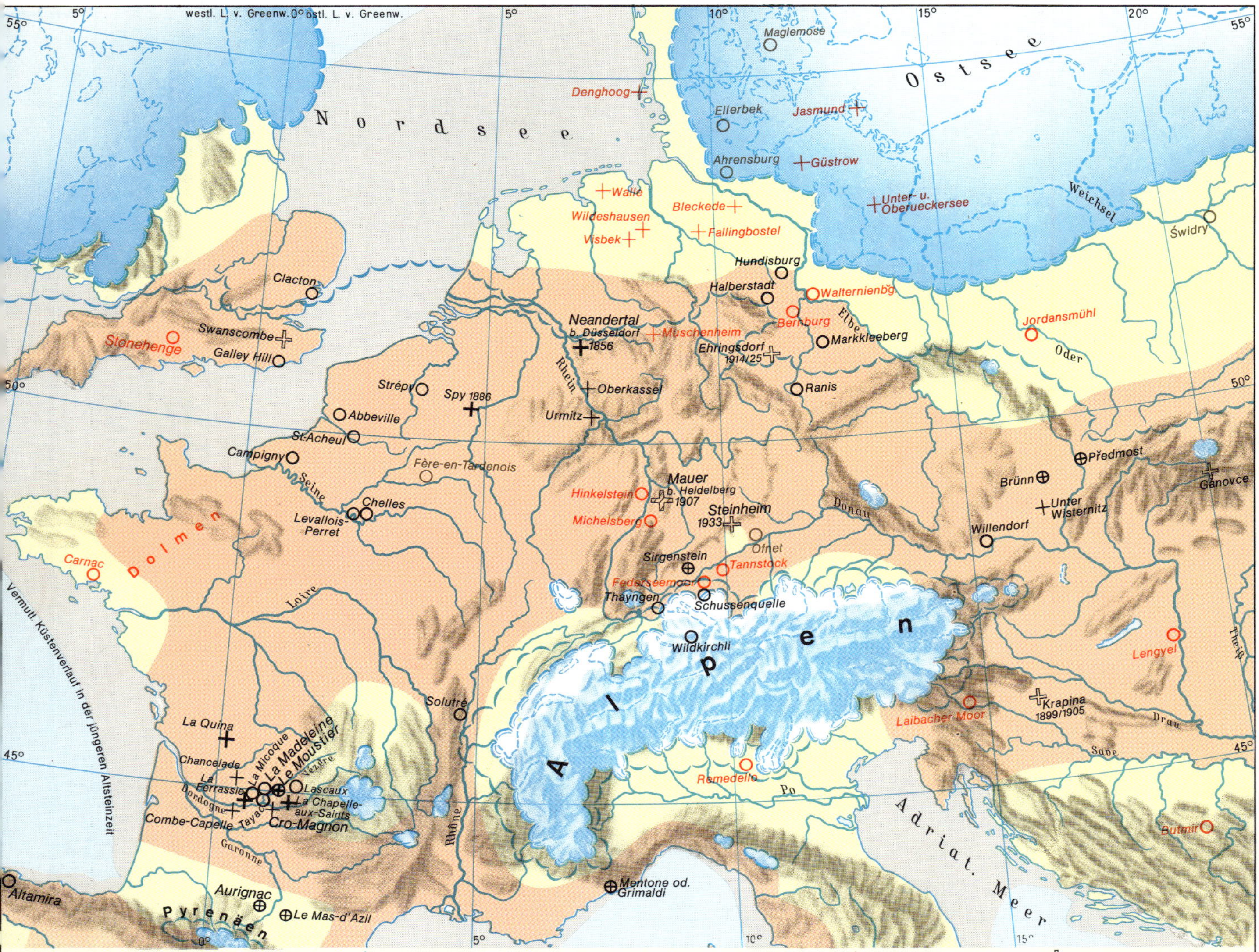

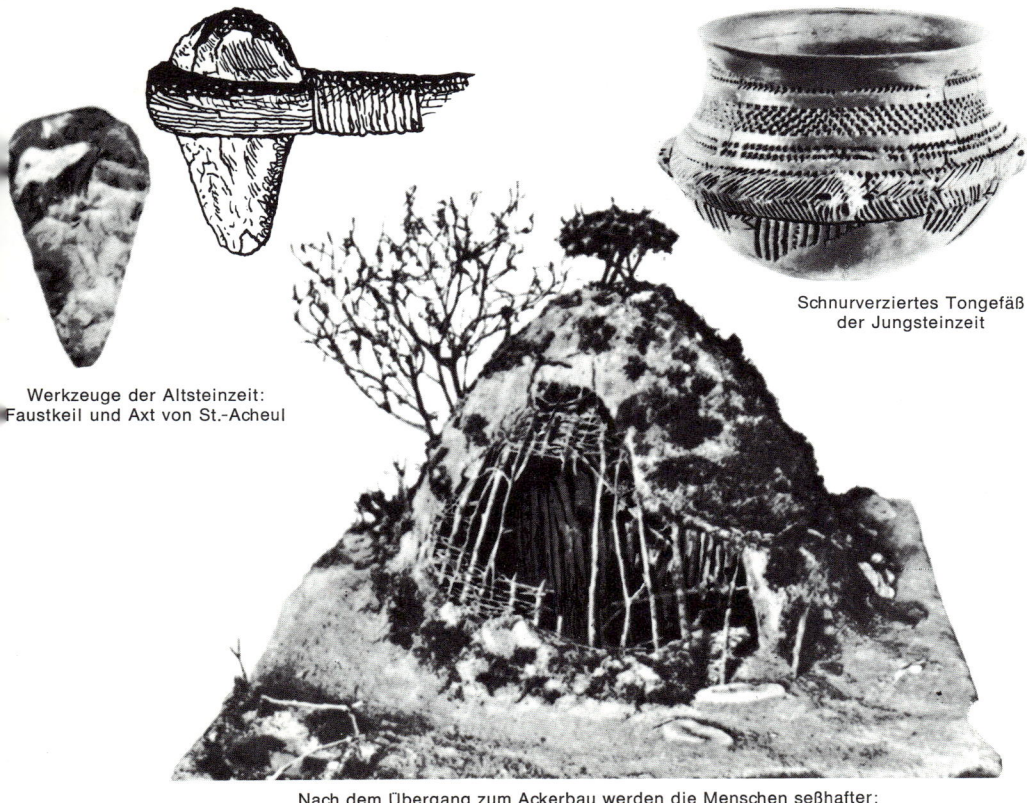

Mitteleuropa in der Steinzeit

(etwa 600 000 – 1800 v. Chr.)

Maßstab 1 : 10 Mill. 0 50 100 150 200 km

Äußerste Grenze der Vereisung, teils in der Mindel-, teils in der Rißeiszeit erreicht

Jüngste Vereisung (Würmeiszeit)

Verbreitungsgebiet des Handspitzen-Schaber-Kreises der mittleren Altsteinzeit

Fundorte	Altsteinzeit	Mittl. Steinzeit	Jungsteinzeit
Kulturreste	○	○	○
Skelettfunde	✚ ✚ ✚ +		+

Zahlen in der Karte bezeichnen das Entdeckungsjahr.

⊕ Bedeutender Skelett- u. gleichzeitig Kulturrestfund

- Heidelberger Mensch
- Präneandertaler bzw. Präsapiens
- Eigentlicher Neandertaler
- Altsteinzeitlicher „Jetztmensch"
- Großsteingrabfund

Werkzeuge der Altsteinzeit:
Faustkeil und Axt von St.-Acheul

Schnurverziertes Tongefäß
der Jungsteinzeit

Nach dem Übergang zum Ackerbau werden die Menschen seßhafter;
jungsteinzeitliche Grubenhütte aus Astgeflecht, Erde und Moosstücken

Übersicht zur Urgeschichte

(in starker Vereinfachung)

Jahre v. Chr.	Geologische Perioden	Vorgeschichtl. Zeitabschnitte	Menschentypen Mitteleuropas
10 000		Mittl. Steinzeit	
	Würm-	Jüngere Altsteinzeit (Jungpaläolithikum)	Oberkassel
100 000	eiszeit		Neandertal
	Zwischeneiszeit		
200 000	Rißeiszeit		Steinheim
	Zwischeneiszeit		
300 000	Zwischeneiszeit	Ältere Altsteinzeit (Altpaläolithikum)	
400 000	Mindeleiszeit		
500 000	Zwischeneiszeit		Mauer b. Heidelberg
	Günzeiszeit		
600 000	Quartär		
	Tertiär		

4 Ägypten und Babylonien · Mittelmeerwelt und Norden

König Sesostris I. von Ägypten (um 1940 v. Chr., Relief vom Amun-Tempel in Karnak)

Ägyptische Bilderschriftzeichen (Hieroglyphen), Büste der Königin Nofretete (um 1370 v. Chr.)

Fürst Gudea von Lagasch (um 2100 v. Chr., Sumerische Keilschrifttafel aus Nippur)

König Assurbanipal von Assyrien (um 650 v. Chr.) gründete in Ninive eine Bibliothek

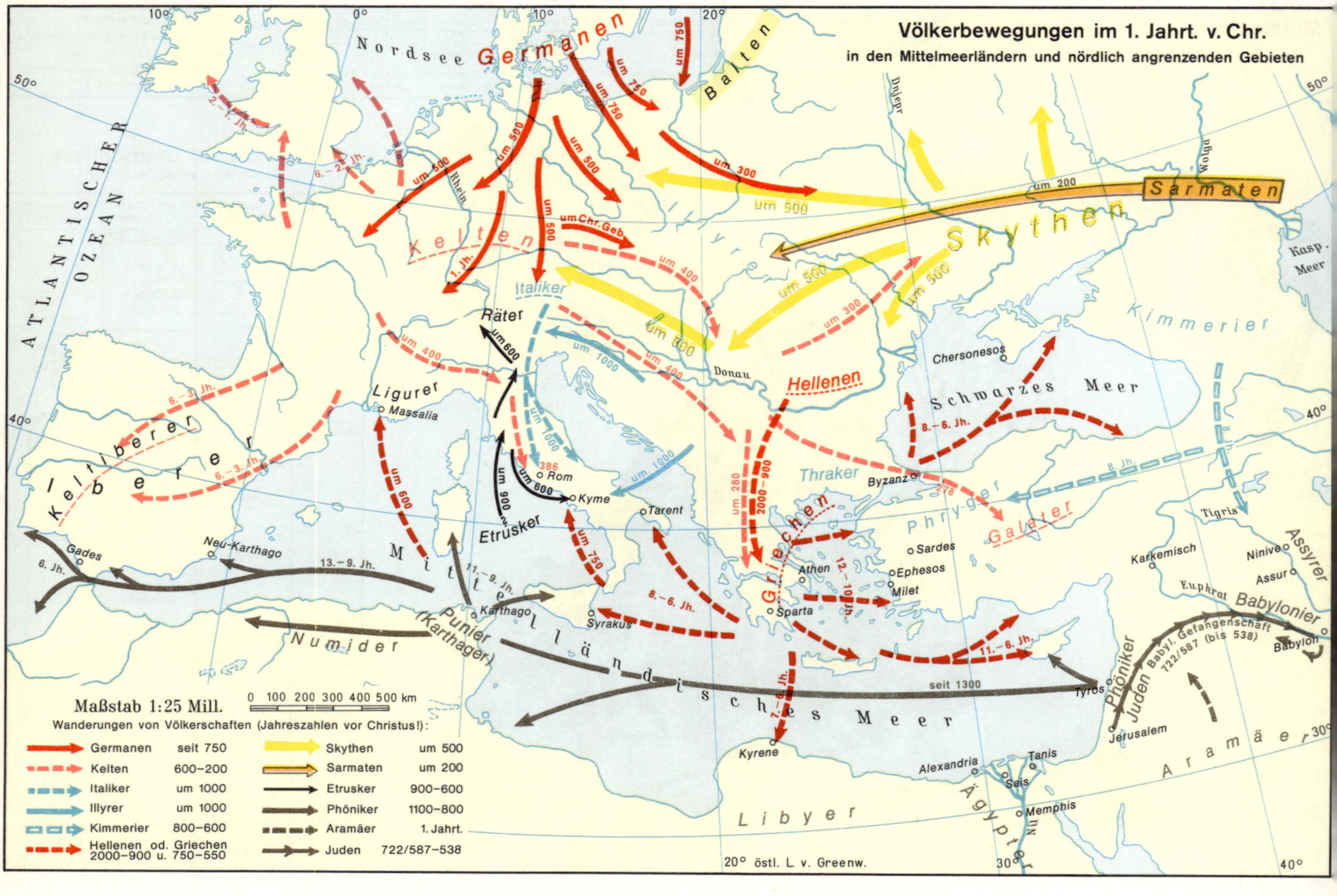

Der Alte Orient — Ägypten und Babylonien um 1700 bis 1400 v. Chr.
1:25 Mill.

- Reich der Hyksos um 1650 v. Chr.
- Neues Reich in Ägypten um 1450 v. Chr. (Thutmosis III.)
- Luwier — Indogermanen
- Lyder — Indogermanisierte Völk.
- Hyksos — Semiten

Der Alte Orient nach Auflösung des Neuassyrischen Reiches um 600 v. Chr.
1:25 Mill.

- Neuassyrisches Reich z.Z. seiner größten Ausdehnung 670 v. Chr.
- (URARTU) Ehemalige Reiche beschriftet in braunen Großbuchstaben
- Hauptstädte (z. B. Sais) sind farbig unterstrichen

Völkerbewegungen im 1. Jahrt. v. Chr. in den Mittelmeerländern und nördlich angrenzenden Gebieten

Maßstab 1:25 Mill.
Wanderungen von Völkerschaften (Jahreszahlen vor Christus!):

- Germanen — seit 750
- Kelten — 600–200
- Italiker — um 1000
- Illyrer — um 1000
- Kimmerier — 800–600
- Hellenen od. Griechen — 2000–900 u. 750–550
- Skythen — um 500
- Sarmaten — um 200
- Etrusker — 900–600
- Phöniker — 1100–800
- Aramäer — 1. Jahrt.
- Juden — 722/587–538

Griechenland und das Reich Alexanders des Großen 5

Perikles (um 500–429 v. Chr.), bedeutender Staatsmann in Athen

Olympia, Stätte der Olympischen Spiele, die alle 4 Jahre abgehalten wurden (776 v. Chr.–394 n. Chr.)

Die Akropolis von Athen. Einst Königsburg, später nationales Heiligtum

Homer, der Dichter des Kampfes um Troja und der Irrfahrten des Odysseus

Griechenland während der Perserkriege 500 bis 478 v. Chr.

- ✗ Persischer Sieg
- ✗ Griechischer Sieg
- Ionischer Aufstand 500 v. Chr.
- Ausweitung des Ionischen Aufstandes bis 494 v. Chr.
- Perserreich
- Pers. Vasallenstaat
- Persische Verbündete
- Gegen Perser verbündete griechische Staaten
- Neutrale griechische Staaten

Griechenland am Vorabend des Peloponnesischen Krieges (431 v. Chr.)

Maßstab 1:10 Mill.

- Staatsgebiet Spartas
- Bundesgenossen Spartas
- Staatsgebiet Athens
- Bundesgenossen Athens
- Neutrale griechische Staaten
- Südgrenze des Delisch-Attischen Seebundes im Ägäischen Meer

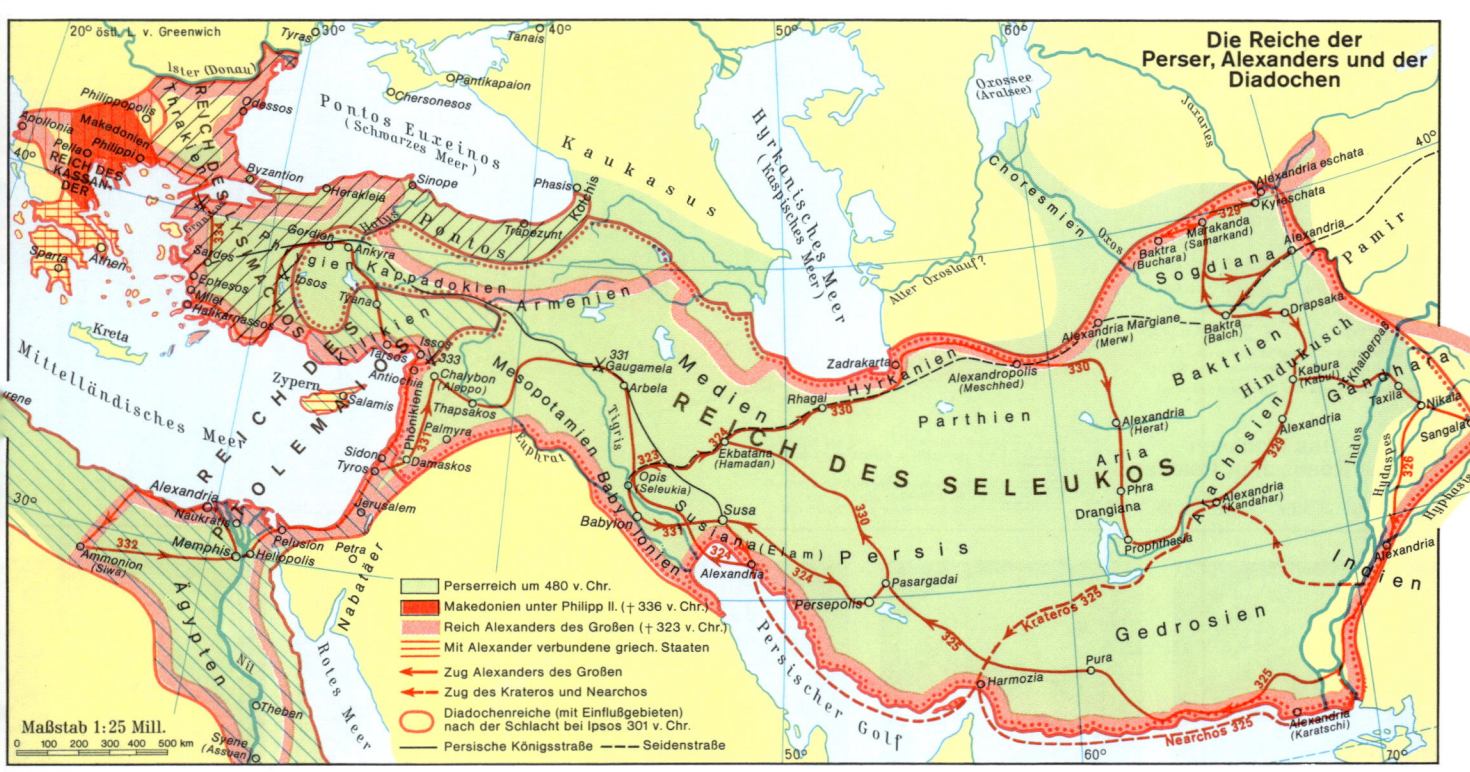

Die Reiche der Perser, Alexanders und der Diadochen

- Perserreich um 480 v. Chr.
- Makedonien unter Philipp II. († 336 v. Chr.)
- Reich Alexanders des Großen († 323 v. Chr.)
- Mit Alexander verbundene griech. Staaten
- Zug Alexanders des Großen
- Zug des Krateros und Nearchos
- Diadochenreiche (mit Einflußgebieten) nach der Schlacht bei Ipsos 301 v. Chr.
- Persische Königsstraße
- Seidenstraße

Maßstab 1:25 Mill.

Säulenkapitäle

dorisch

ionisch

korinthisch

ΑΒΓΔΕΖΗΘ
ΙΚΛΜΝΞΟΠ
ΡΣΤΥΦΧΨΩ
Griechisches Alphabet (Großbuchstaben)

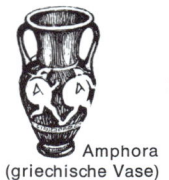
Amphora (griechische Vase)

6 Das Römische Weltreich

Aquädukt = Wasserleitung, erbaut unter Kaiser Augustus, Pont du Gard bei Nîmes, 270 m lang, 50 m hoch

Romulus und Remus (der Sage nach von einer Wölfin gesäugt) gründen Rom 753 v. Chr.

ABCDEFGH
IKLMNOPQ
RSTVXYZ

Lateinisches Alphabet (Großbuchstaben)

Kolosseum in Rom (nach dem Kolossalstandbild Neros), Amphitheater mit 50 000 Plätzen

Das Wachsen des Römischen Reiches

Maßstab 1:25 Mill.

Römischer Staat 380 v. Chr.

Erwerbungen Roms bis:
- 272 v. Chr.
- 238 v. Chr.
- 201 v. Chr.
- 133 v. Chr.
- 44 v. Chr.
- 14 n. Chr.
- 117 n. Chr.
- 235 n. Chr.

Vorübergehende Erwerbungen in Randfärbung
115 (bis 117) Jahr der Eroberung (und Verlust)

Römische Grenzbefestigungen

Partherreich (247 v. Chr. bis 224 n. Chr.) z. Z. der größten Ausdehnung um 100 v. Chr.

Neupersisches oder Sassanidenreich (224 bis 636/42 n. Chr.) z. Z. der größten Ausdehnung um 300 n. Chr.

Hannibal (246–182 v. Chr.) aus dem Hause Barkas kämpfte f. Karthago gegen Rom

Julius Caesar (100–44 v. Chr.). Römischer Feldherr und Staatsmann

Octavian, genannt „Augustus" (63 v. Chr. – 14 n. Chr.), der erste Kaiser

Trajan (52–117 n. Chr.). Größte Ausdehnung des Römischen Reiches

Marcus Tullius Cicero (106–43 v. Chr.), Redner, Jurist und Philosoph

Römer und Germanen

Römisches Moselschiff mit Weinfässern. Grabmal eines Händlers in Neumagen bei Trier

Trier: Porta Nigra = Schwarzes Tor (3. Jh. n. Chr.). Der helle Sandstein schwarz verwittert

Römerkastell (befestigtes Militärlager) Saalburg/Taunus, aus dem 2. und 3. Jh., 1897–1907 wieder aufgebaut

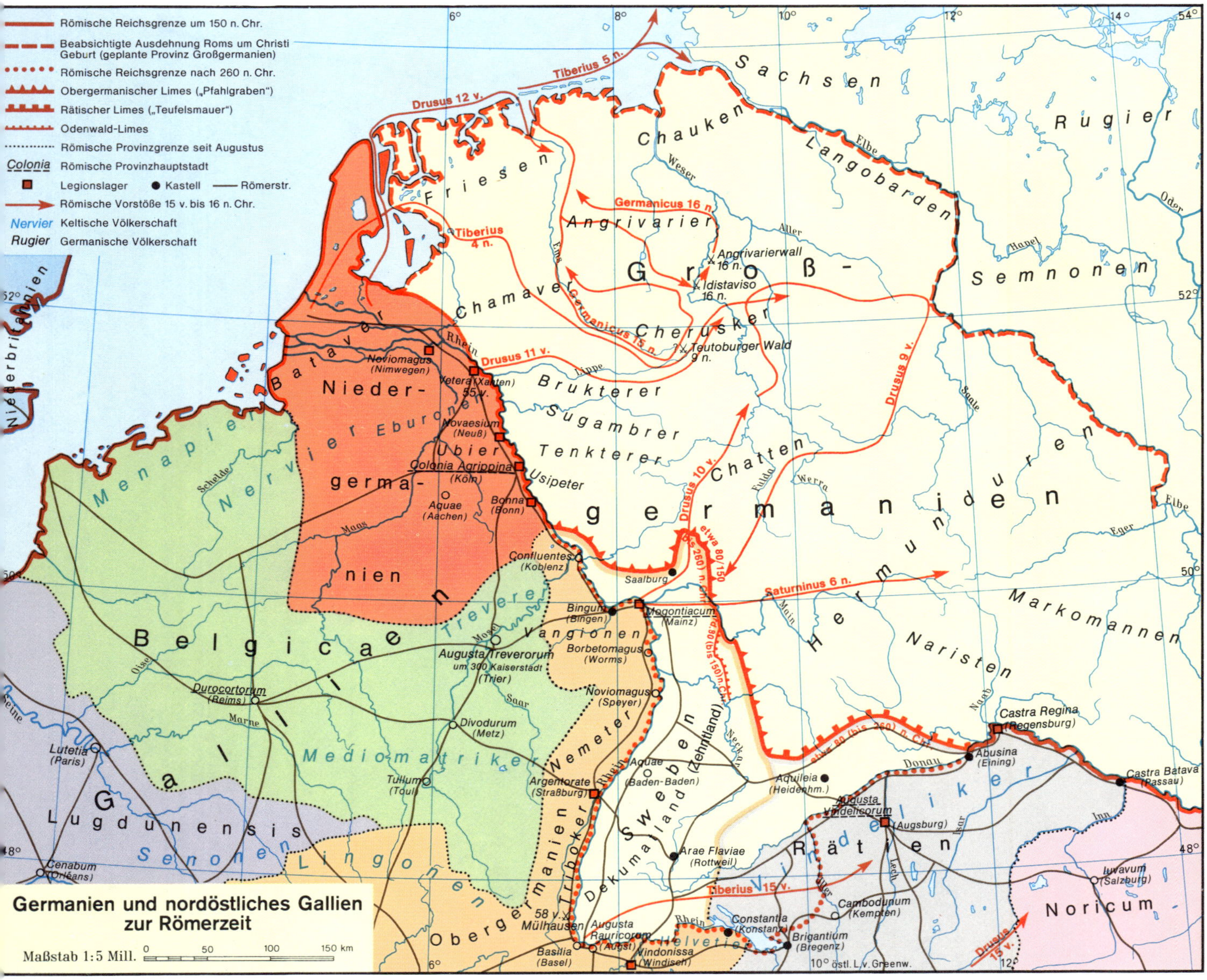

Germanien und nordöstliches Gallien zur Römerzeit
Maßstab 1:5 Mill.

Legende:
- Römische Reichsgrenze um 150 n. Chr.
- Beabsichtigte Ausdehnung Roms um Christi Geburt (geplante Provinz Großgermanien)
- Römische Reichsgrenze nach 260 n. Chr.
- Obergermanischer Limes („Pfahlgraben")
- Rätischer Limes („Teufelsmauer")
- Odenwald-Limes
- Römische Provinzgrenze seit Augustus
- *Colonia* Römische Provinzhauptstadt
- Legionslager ● Kastell — Römerstr.
- Römische Vorstöße 15 v. bis 16 n. Chr.
- *Nervier* Keltische Völkerschaft
- *Rugier* Germanische Völkerschaft

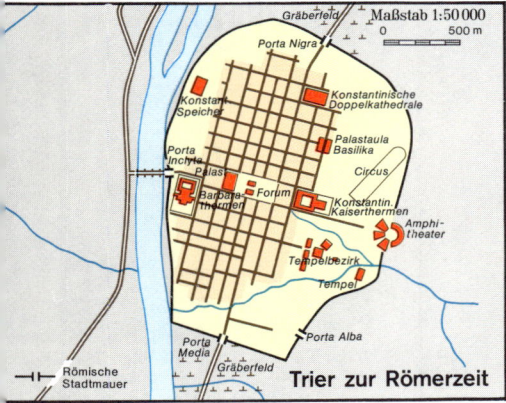

Trier zur Römerzeit (Maßstab 1:50 000)

Limes, römischer Grenzwall, um 50 bis 150 n. Chr. errichtet

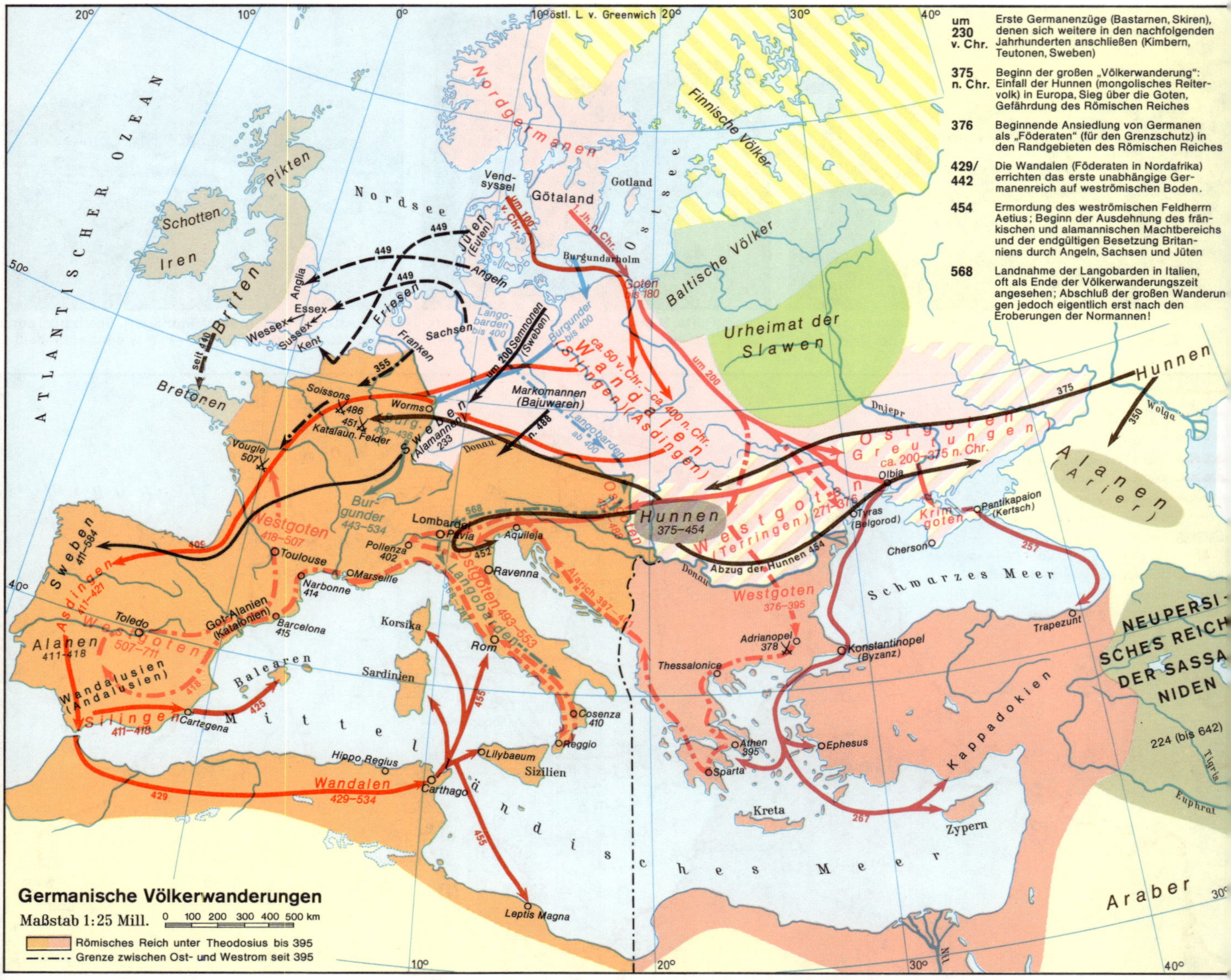

8 Germanische Völkerwanderungen

um 230 v. Chr.	Erste Germanenzüge (Bastarnen, Skiren), denen sich weitere in den nachfolgenden Jahrhunderten anschließen (Kimbern, Teutonen, Sweben).
375 n. Chr.	Beginn der großen „Völkerwanderung": Einfall der Hunnen (mongolisches Reitervolk) in Europa, Sieg über die Goten, Gefährdung des Römischen Reiches
376	Beginnende Ansiedlung von Germanen als „Föderaten" (für den Grenzschutz) in den Randgebieten des Römischen Reiches
429/442	Die Wandalen (Föderaten in Nordafrika) errichten das erste unabhängige Germanenreich auf weströmischem Boden.
454	Ermordung des weströmischen Feldherrn Aetius; Beginn der Ausdehnung des fränkischen und alamannischen Machtbereichs und der endgültigen Besetzung Britanniens durch Angeln, Sachsen und Jüten
568	Landnahme der Langobarden in Italien, oft als Ende der Völkerwanderungszeit angesehen; Abschluß der großen Wanderungen jedoch eigentlich erst nach den Eroberungen der Normannen!

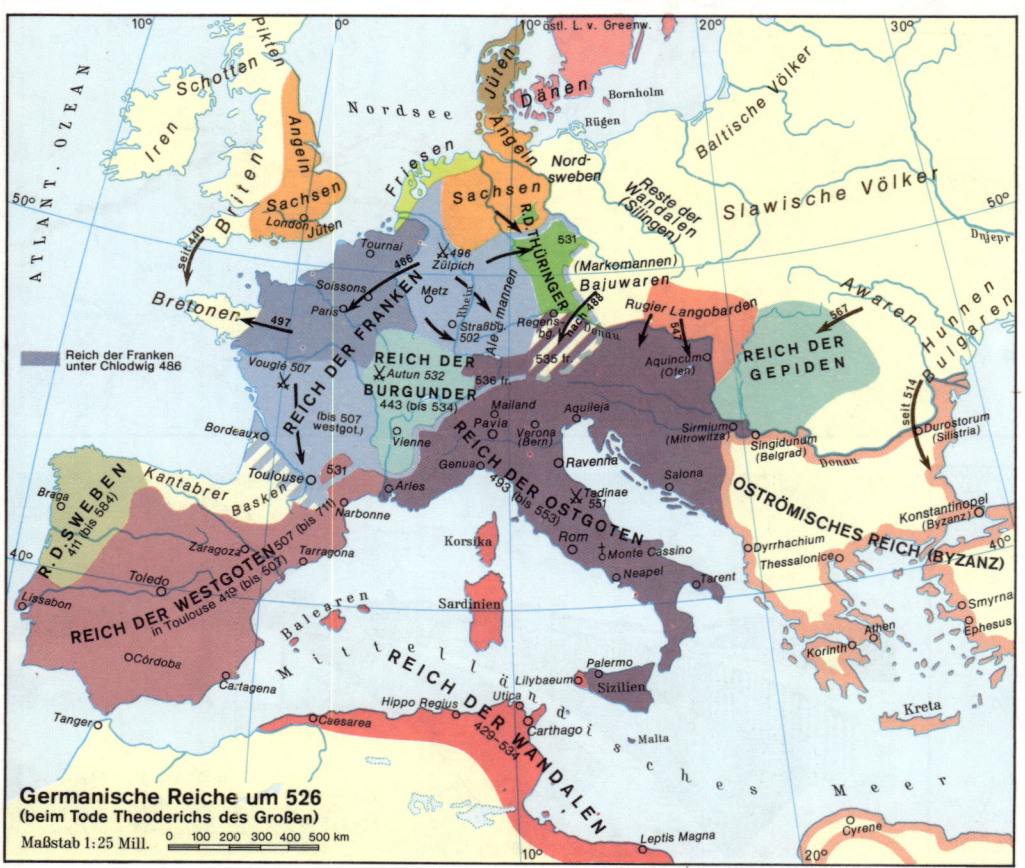

Germanische Völkerwanderungen
Maßstab 1:25 Mill.
Römisches Reich unter Theodosius bis 395
Grenze zwischen Ost- und Westrom seit 395

Germanische Reiche um 526
(beim Tode Theoderichs des Großen)
Maßstab 1:25 Mill.

Germanische Runen (Schriftzeichen) aus Södermanland in Mittelschweden

Grabmal des Ostgotenkönigs Theoderich (454–526 n. Chr.) in Ravenna. Die Kuppel ist aus einem Stein

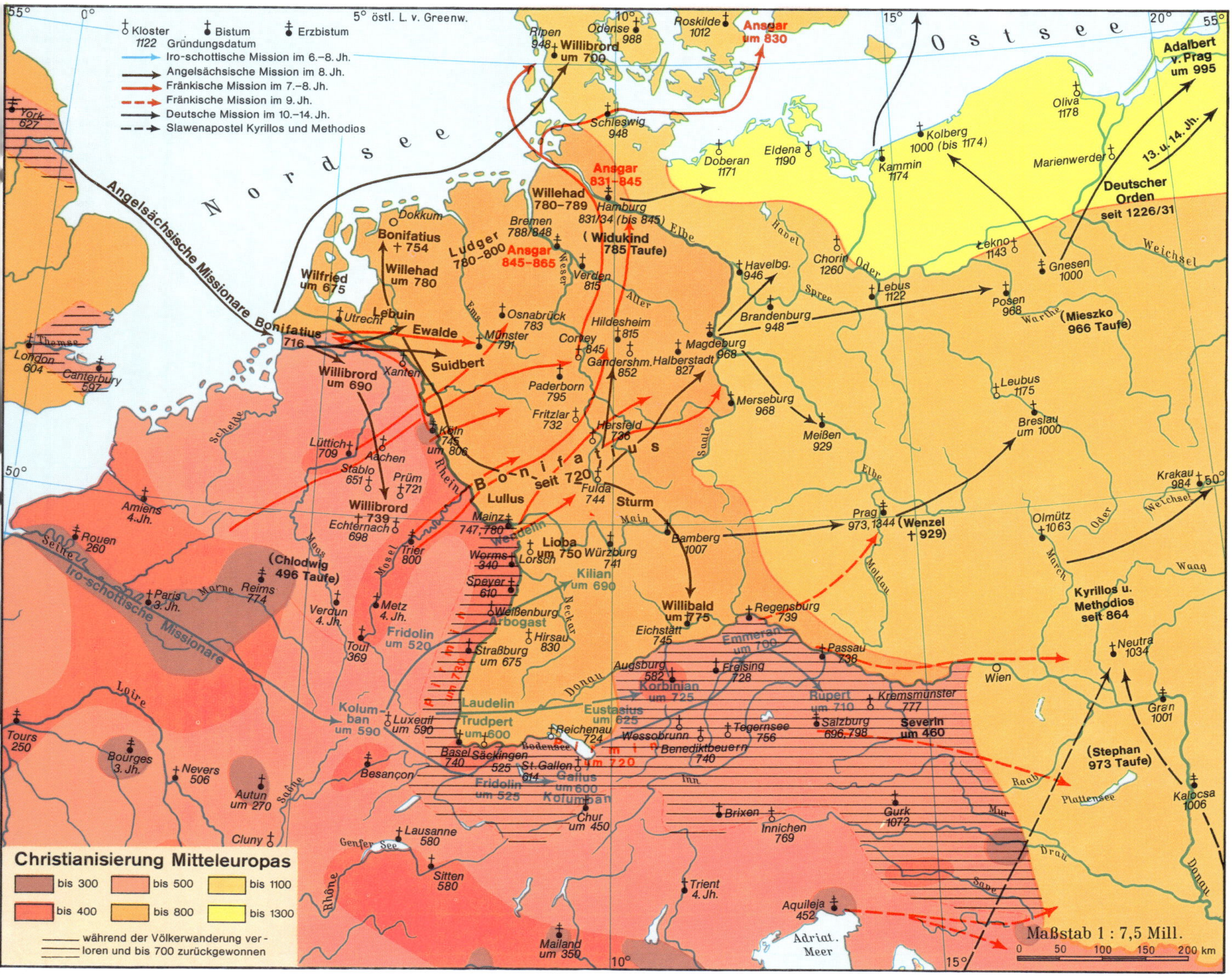

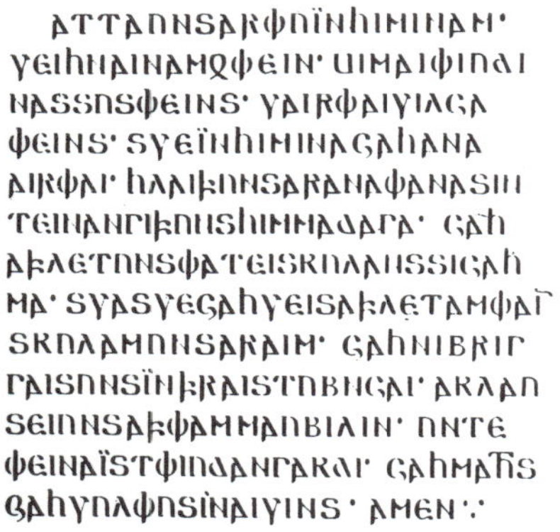

Ausbreitung des Christentums nach Mitteleuropa

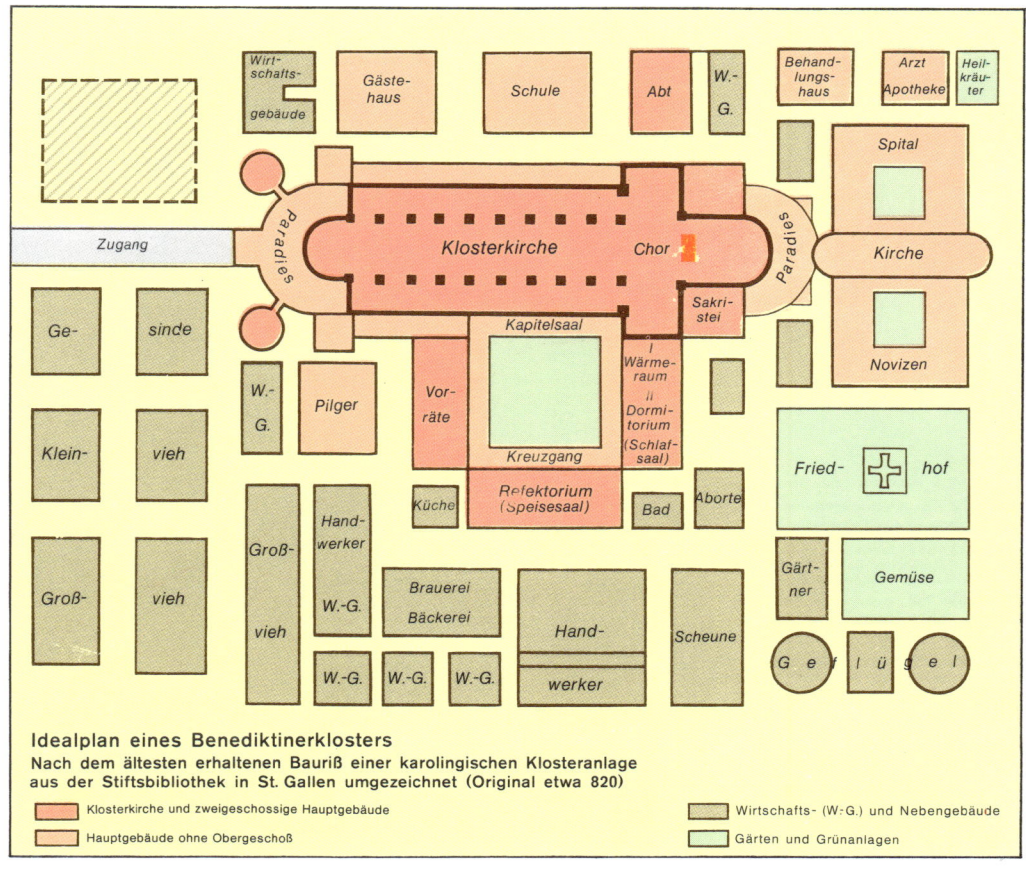

Vaterunser aus der ostgotischen Bibel des Bischofs Wulfila (311–383)

Kaiser Justinian I. erbaute in Byzanz 533–537 die „Hagia Sophia" (Kirche der Heiligen Weisheit)

10 Das Frankenreich · Die Ausbreitung des Islams

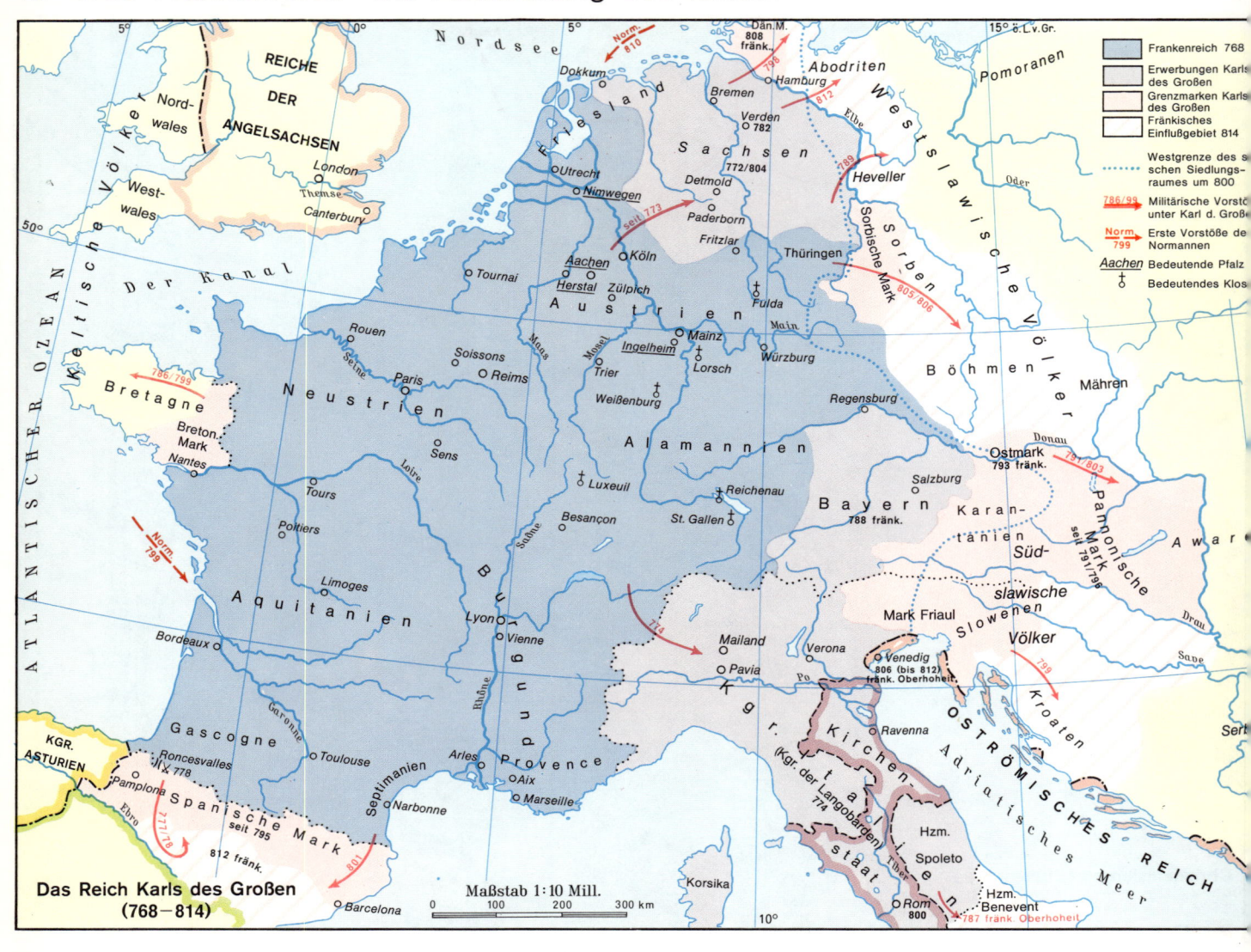

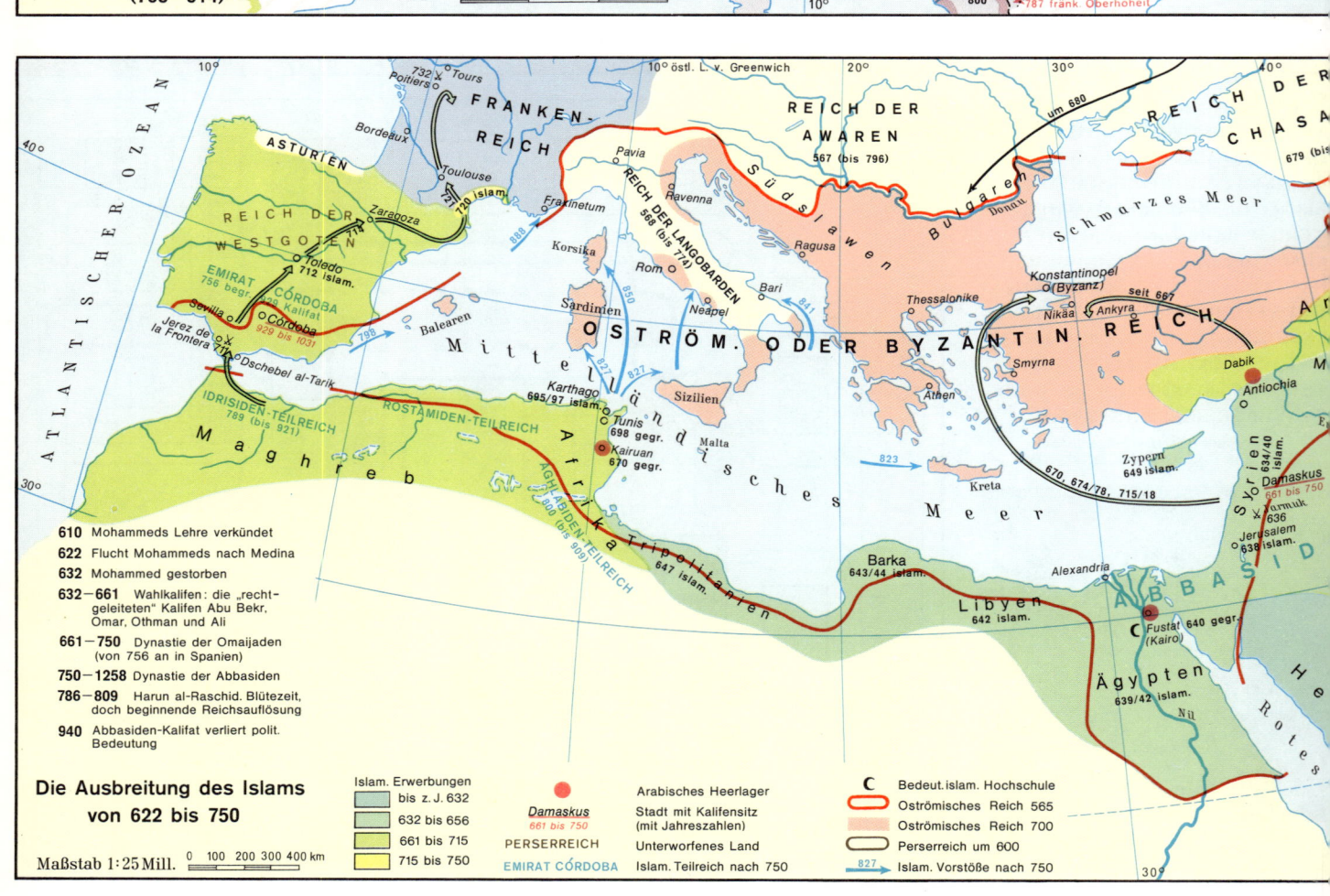

Das Reich Karls des Großen (768–814)

Maßstab 1:10 Mill.

Legende:
- Frankenreich 768
- Erwerbungen Karls des Großen
- Grenzmarken Karls des Großen
- Fränkisches Einflußgebiet 814
- Westgrenze des … schen Siedlungsraumes um 800
- Militärische Vorstöße unter Karl d. Großen
- Norm 799 Erste Vorstöße der Normannen
- *Aachen* Bedeutende Pfalz
- † Bedeutendes Kloster

Die Ausbreitung des Islams von 622 bis 750

Maßstab 1:25 Mill.

- 610 Mohammeds Lehre verkündet
- 622 Flucht Mohammeds nach Medina
- 632 Mohammed gestorben
- 632–661 Wahlkalifen: die „rechtgeleiteten" Kalifen Abu Bekr, Omar, Othman und Ali
- 661–750 Dynastie der Omaijaden (von 756 an in Spanien)
- 750–1258 Dynastie der Abbasiden
- 786–809 Harun al-Raschid. Blütezeit, doch beginnende Reichsauflösung
- 940 Abbasiden-Kalifat verliert polit. Bedeutung

Legende:
- Islam. Erwerbungen bis z. J. 632 / 632 bis 656 / 661 bis 715 / 715 bis 750
- ● Arabisches Heerlager
- *Damaskus* Stadt mit Kalifensitz (mit Jahreszahlen)
- PERSERREICH Unterworfenes Land
- EMIRAT CÓRDOBA Islam. Teilreich nach 750
- C Bedeut. islam. Hochschule
- Oströmisches Reich 565
- Oströmisches Reich 700
- Perserreich um 600
- Islam. Vorstöße nach 750

Karolingische Teilungen

Nach 829
- REICH LUDWIGS DES FROMMEN U. LOTHARS
- Teilreich Karls d.K. seit 829
- Teilreich Ludwigs d. Deutschen seit 817 (Bayern)
- Teilreich Pippins seit 817 (Aquitanien)
- Kirchenstaat
- Aachen, Reims, Lügenfeld, Kolmar, Rom

Nach 843 (Vertrag von Verdun)
- REICH LUDWIGS DES DEUTSCHEN
- REICH KARLS II., DES KAHLEN
- REICH LOTHARS I.
- Kirchenstaat
- Hamburg, Aachen, Verdun, Paris, Straßburg, Regensburg, Fontenay ×841, Rom

Nach 870 (Vertrag von Mersen)
- REICH LUDWIGS DES DEUTSCHEN
- REICH KARLS II., DES KAHLEN
- REICH LUDWIGS II.
- Kirchenstaat
- Mersen, Aachen, Paris

Nach 880 (Vertrag von Ribemont)
- OSTFRÄNKISCHES KÖNIGREICH
- WESTFRÄNKISCHES KÖNIGREICH
- HOCHBURGUND
- KGR. NIEDERBURGUND (Arles)
- KGR. ITALIEN
- Kirchenstaat
- GROSSMÄHR. REICH DES SWATOPLUK
- Aachen, Ribemont, Verdun, Paris, Vienne, Preg, Rom

Maßstab 1 : 25 Mill.

Teilreiche nach dem Tode Lothars I. (855): 1, 2, 3

Gesamtreich Karls III. um 887

Stammbaum:
- Karl der Große †814
  - Ludwig der Fromme †840
    - Lothar I. †855
      - Ludwig II. †875
    - Ludwig der Deutsche †876
      - Karlmann †880
        - Arnulf †899
          - Ludw. d. Kind †911
      - Ludwig II. †882
      - Karl III., der Dicke †888
    - Karl II., der Kahle †877
      - französische Karolinger bis 987

Karolingische Minuskel (Schrift mit Kleinbuchstaben). Muster der Urkunden im Abendland

Karl der Große (742–814), König der Franken, erneuerte das Römische Kaisertum

Arabischer Reiter, Federzeichnung 10. Jh., aus der Österreichischen Nationalbibliothek Wien

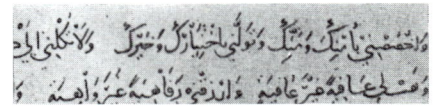

Arabische Schriftzeichen

(Karte Vorderer Orient)

- Kaspisches Meer
- Türken
- Chiwa, Choresm, Buchara, Samarkand
- Merw 813/822
- Chorasan 646/51 islam.
- Kabul 664 islam.
- Herat, Kandahar
- PERSERREICH (SASSANIDENREICH)
- Samarra 836 bis 891
- Bagdad 762 bis 1258
- Ktesiphon, Kufa, Wasit, Basra
- Nihawend 637/51 islam. 642
- Isfahan, Schiras
- Fars, Kerman
- Multan, Mansura, Sind 708/12 islam.
- Indien, Indus, Sutledsch
- Persischer Golf
- Oman
- Arabisches Meer
- Indischer Ozean
- (Jathrib) 656
- Irak
- Nördl. Wendekreis

12 Deutschland unter den Sachsen u. Saliern

Die Kaiserpfalz in Goslar am Harz, unter Heinrich III. begonnen

919–1024	Sächsische Herrscher (Liudolfinger) oder Ottonen	Heinrich I. Otto I. Otto II. Otto III. Heinrich II.
1024–1125	Salier oder Fränkische Herrscher	Konrad II. Heinrich III. Heinrich IV. Heinrich V.
1138–1254	Staufer oder Hohenstaufen	Konrad III. Friedrich I. Heinrich VI. Philipp Friedrich II. Konrad IV.

Uta, als Stifterin im Dom zu Naumburg a. d. Saale (um 1250)

Der Bamberger Reiter, Idealgestalt eines deutschen Königs (um 1230)

Heiliges Römisches Reich um das Jahr 1000
(seit 15. Jh. mit Zusatz „Deutscher Nation")
Maßstab 1:15 Mill.
— Reichsgrenze unter Otto d. Gr. († 973)
— Reichsgrenze unter Konrad II. († 1039)
M.M. = Mark Merseburg M.Z. = Mark Zeitz

Das Stauferreich und die Kreuzzüge
Politische Gliederung Mittel- und Südeuropas und der Levante um 1230
Maßstab 1:15 Mill.
1. Kreuzzug 1096–99
2. Kreuzzug 1147–49
3. Kreuzzug 1189–92
4. Kreuzzug 1202–04
5. Kreuzzug 1228–29
6. Kreuzzug 1248–54
7. Kreuzzug 1270
Kreuzfahrerstaaten
Verlorengegangenes von Kreuzfahrerstaaten
Mongolen-Vorstöße

Krypta der Schloßkirche zu Quedlinburg, Grabstätte Heinrich I.

Kaiserkrone, für Konrad II. umgearbeitet
Tiara, die dreifache Krone der Päpste

Kaiser Otto der Große, Denkmal in Magdeburg (um 1240/50)

Erstürmung von Jerusalem 1099 unter Gottfried von Bouillon, Herzog von Niederlothringen, dem Anführer des 1. Kreuzzuges

Stauferzeit, Rittertum, Kreuzzüge

Wartburg bei Eisenach, Denkmal deutscher Geschichte: Sängerkrieg, hl. Elisabeth, Luther, Burschenschaften

Ritterliches Kampfspiel (Turnier)
(aus einer Trierer Handschrift)

Walther von der Vogelweide (um 1170–1230), Minnesänger (Manesse-Handschrift, Heidelberg)

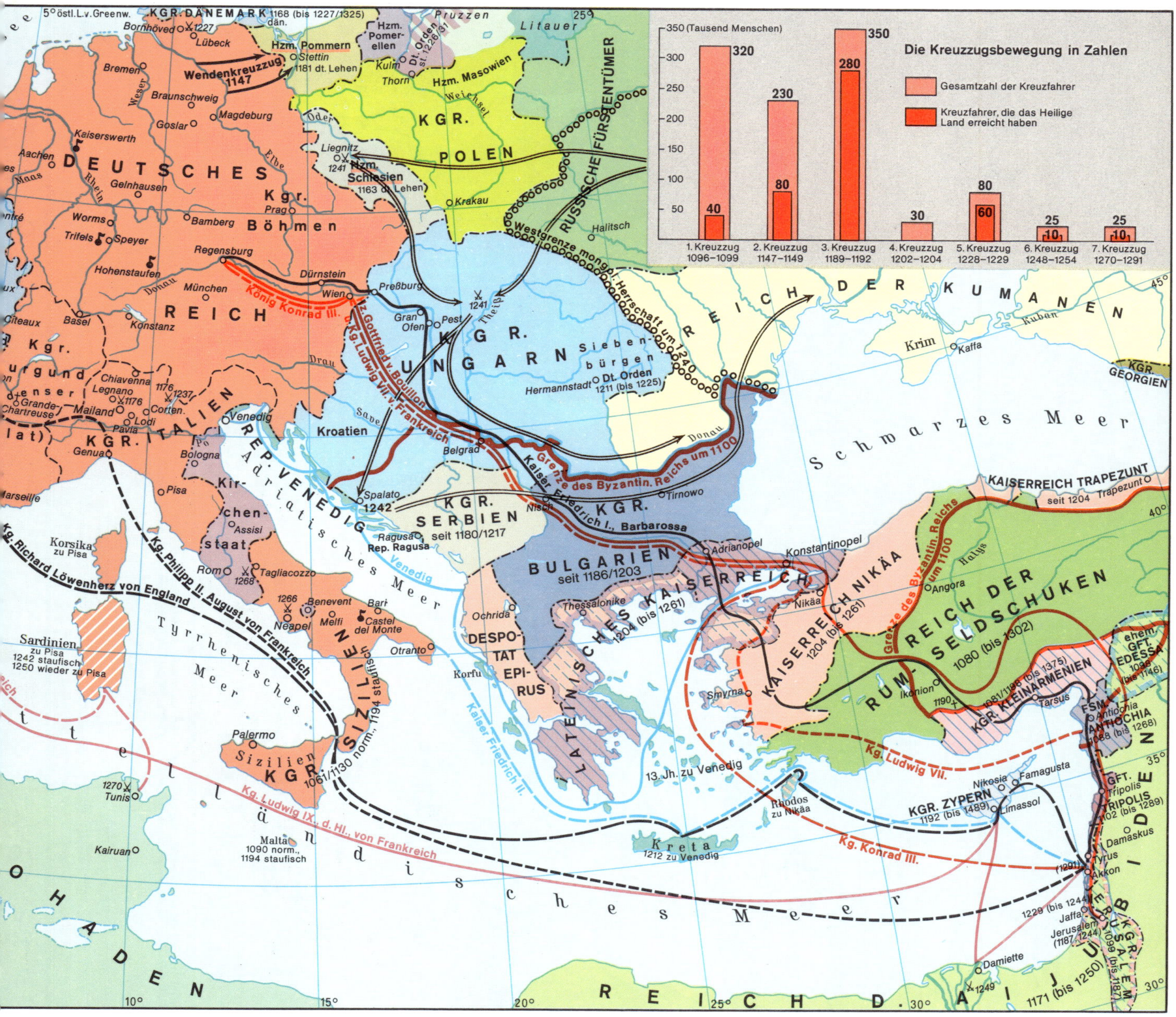

Kaiser Friedrich I. Barbarossa (1122–1190) an der Spitze des 3. Kreuzzuges (aus der Handschrift des Petrus de Ebulo)

Heinrich d. Löwe (1129–1195).
(Grab in Braunschweig)

König Richard Löwenherz v. England (1157–1199)

Kaiser Friedrich II., König v. Jerusalem (1194–1250)

14 Die deutsche Ostsiedlung

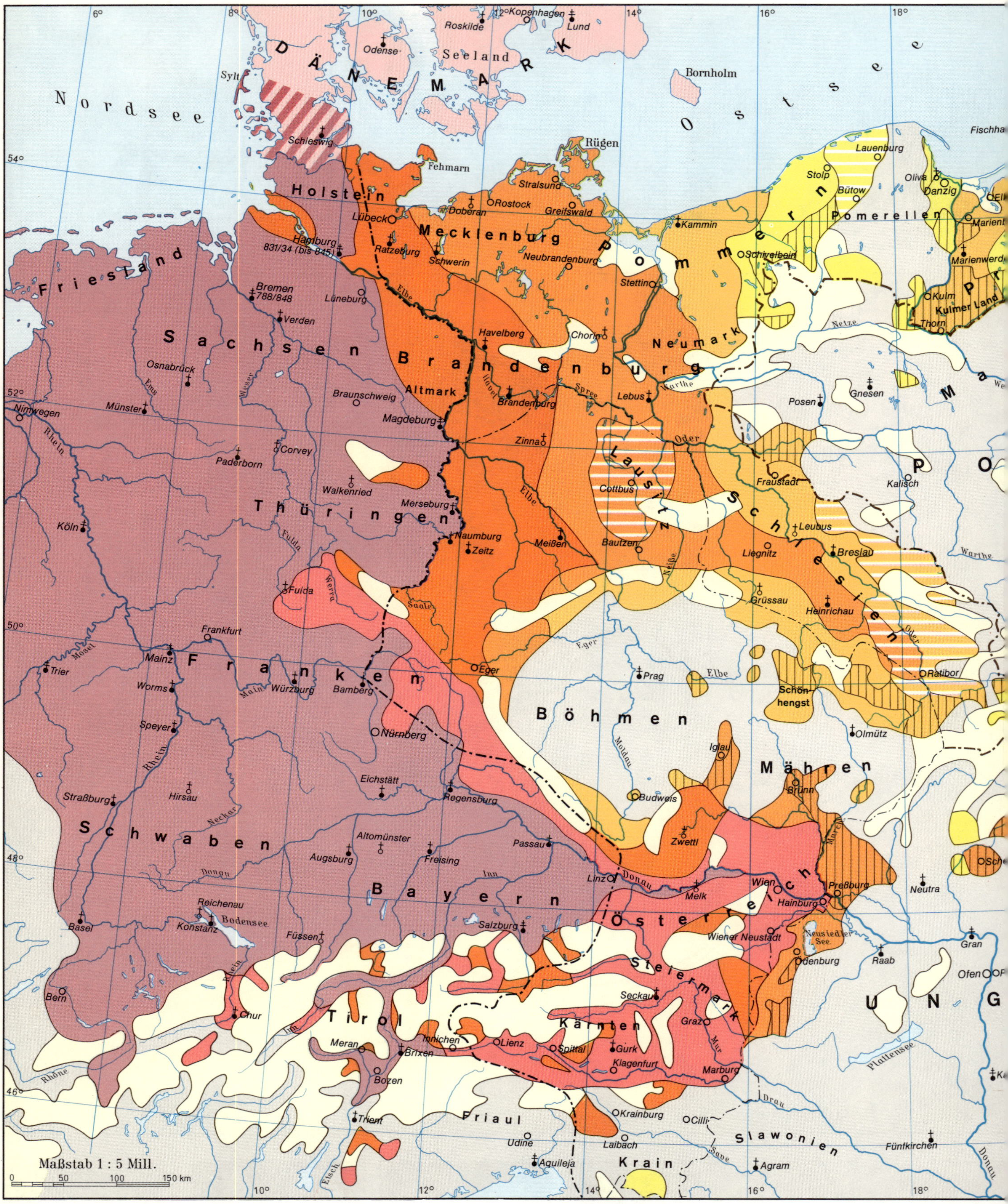

Bauern pflügen das durch Rodung urbar gemachte Siedlungsland

Hochosterwitz (Kärnten), Fliehburg im Kampf gegen Slawen, Ungarn und Türken

Die Marienburg, Sitz der Hochmeister des Deutschen Ordens, 1274–1398 erbaut

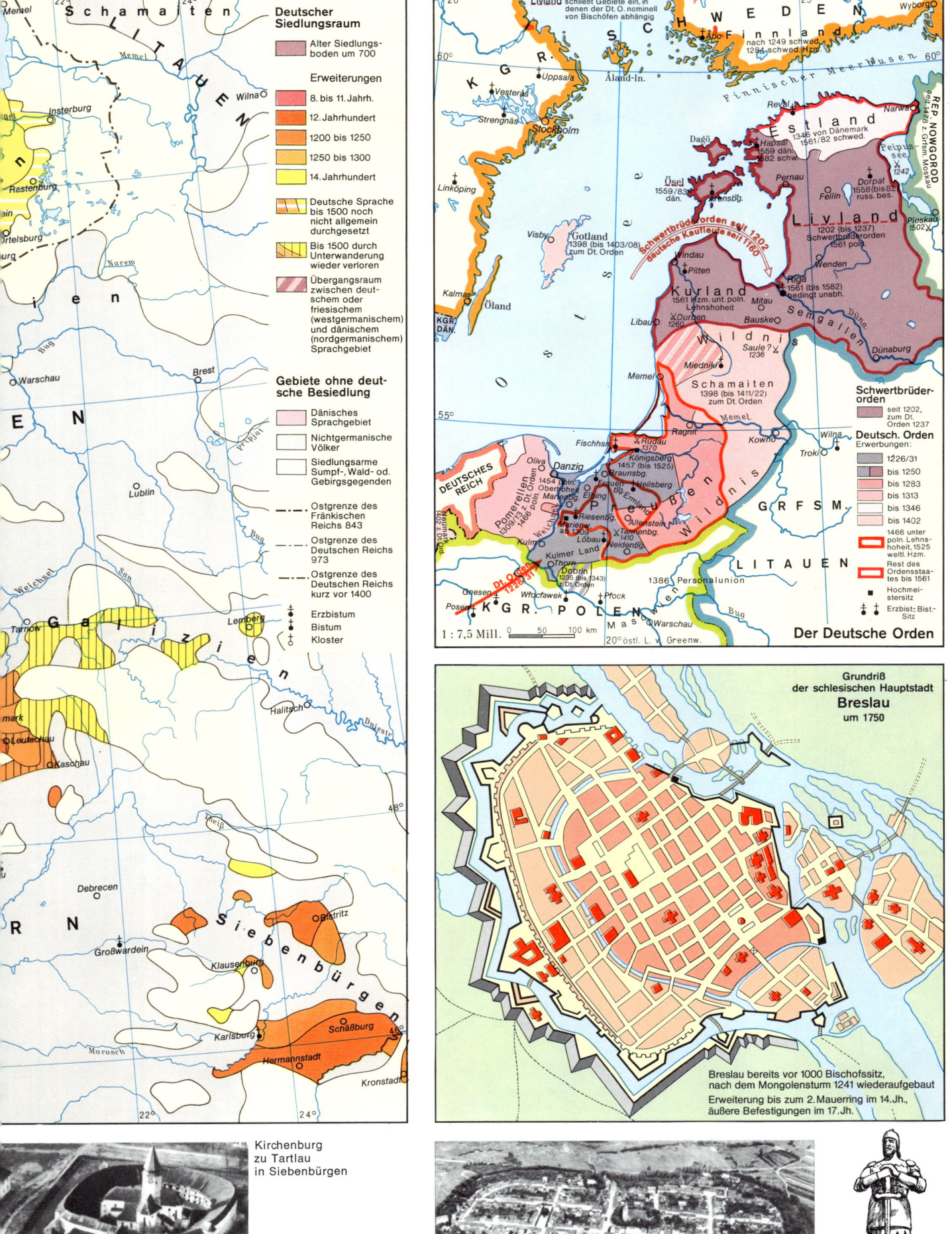

16 Die Hanse und ihre Handelswege

Die Hanse war zunächst eine Vereinigung von deutschen Kaufleuten zur gegenseitigen Unterstützung im Ausland. Aus der Kaufmannshanse entwickelte sich die Städtehanse, ein loser Bund, der im 14. Jahrhundert die Vorherrschaft in Nordeuropa errang und rund 150 Jahre bewahrte. Im 16. Jahrhundert verfiel der Bund, um 1685 erlosch die Hanse.

Hansekogge (um 1500), ursprünglich Einmaster mit kastellartigen Aufbauten vorn und achtern, diente als Handels- und Kriegsschiff

Brügge, wichtiger Stapelplatz der Hanse. — Das Rathaus

Lübeck berief als „Vorort" der Hanse die „Hansetage" ein und bestimmte die hansische Politik. — Das Holstentor

Danzig, 1224 gegründet, gehörte seit 1363 zur Hanse. — Der Lange Markt

Wirtschaft in West- und Mitteleuropa um 1500

Maßstab 1:10 Mill.

Legende:
- Au Gold
- Ag Silber
- Bl Blei
- E Eisen
- Ku Kupfer
- Zn Zinn
- Qu Quecksilber
- Steinkohle
- S Salz
- Heringe
- ⚓ Beginn der Schiffbarkeit
- Seehandelsweg

Gent, unter Kaiser Karl V. Mittelpunkt einer blühenden Tuchindustrie. — Gildehäuser

Jakob Fugger (1459-1525) u. Bartholomäus Welser (1488-1561) finanzierten Kaiser Karl V.

Krakau, einstige Hauptstadt Polens, Umschlagplatz für den Salzhandel. – Die Tuchhalle

Vor dem Römer (Rathaus) in Frankfurt am Main wurde zweimal im Jahr Messe abgehalten

Augsburg, im 16. Jh. wichtige Handelsstadt mit Verbindungen bis Venezuela. Rathaus von Elias Holl

Nürnberg, bedeutender Stapelplatz f. d. Handel mit Venedig, Krakau und den Niederlanden. — Mauthalle

18 Das Zeitalter der Entdeckungen

Mit dem Schiff „Santa Maria" wagte Kolumbus 1492 die Fahrt über den Atlantik, um Indien von Osten her zu erreichen

Erster Erdglobus um 1492 von Martin Behaim, Nürnberg

Taschenuhr von Peter Henlein (um 1500)

Chinesischer Kompaß

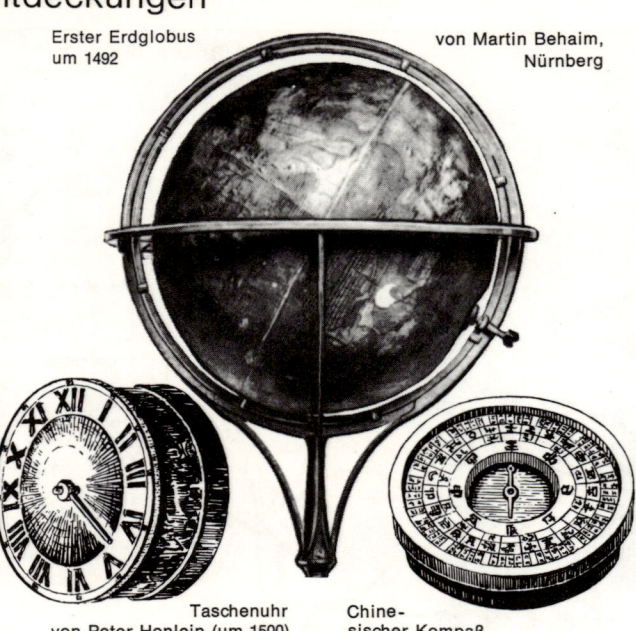

Landung des Kolumbus am 12. Oktober 1492 auf Guanahani, einer westindischen Insel, heute Watlings-Insel genannt

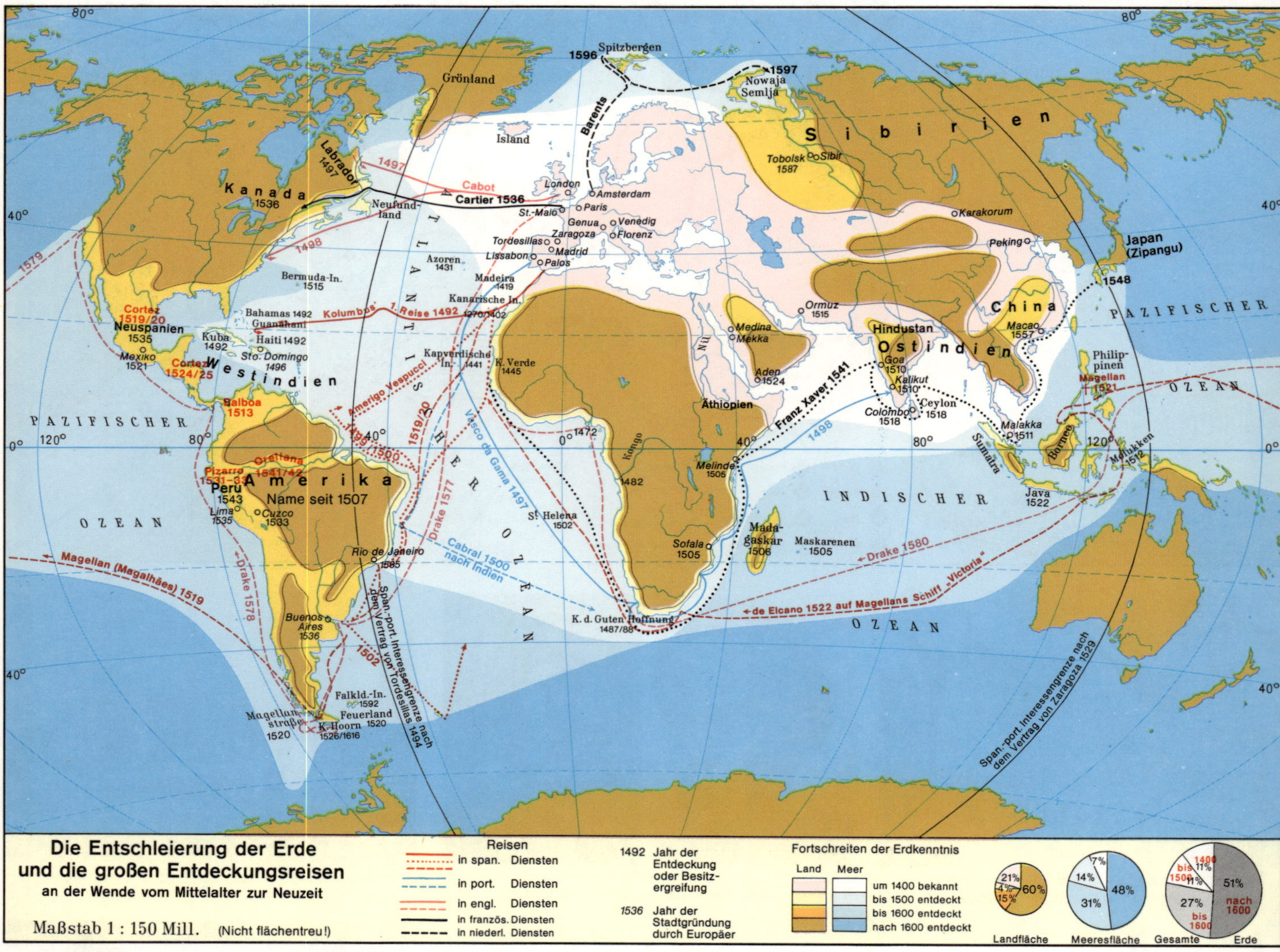

Die Entschleierung der Erde und die großen Entdeckungsreisen
an der Wende vom Mittelalter zur Neuzeit

Maßstab 1 : 150 Mill. (Nicht flächentreu!)

Reisen:
- in span. Diensten
- in port. Diensten
- in engl. Diensten
- in französ. Diensten
- in niederl. Diensten

1492 Jahr der Entdeckung oder Besitzergreifung
1536 Jahr der Stadtgründung durch Europäer

Fortschreiten der Erdkenntnis
Land / Meer
- um 1400 bekannt
- bis 1500 entdeckt
- bis 1600 entdeckt
- nach 1600 entdeckt

Landfläche: 21% / 60% / 15%
Meeresfläche: 7% / 14% / 31% / 48%
Gesamte Erde: 51% / 27% / nach 1600

Aus den Ländern der „Neuen Welt" stammen Wirtschaftspflanzen, die weite Verbreitung fanden:

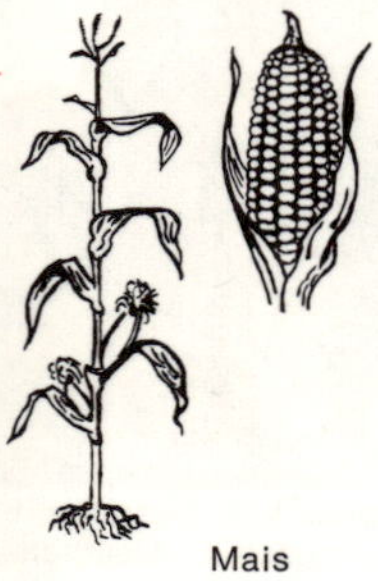

Mais  — Kakao 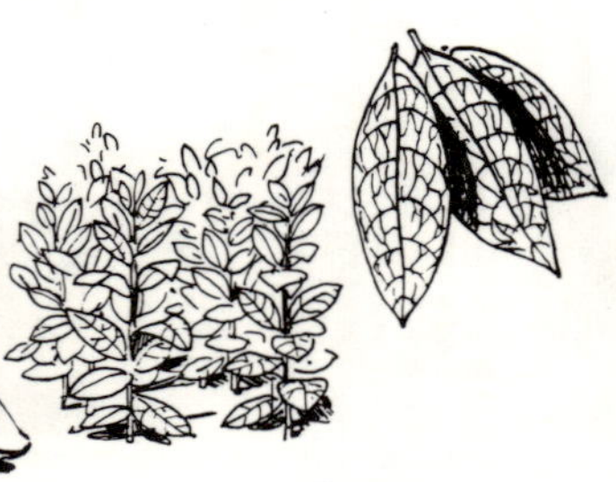 — Tabak  — Kartoffel

Aus Äthiopien und Arabien:

Kaffee

Reformation und Gegenreformation

Kaiser Karl V. (1500–1558), Gegner der Reformation

Martin Luther (1483–1546), Reformator, Bibelübersetzer

Szene aus dem Bauernkrieg (1524–1525) mit der Bundschuhfahne. Zeitgenössische Darstellung aus dem „Trostspiegel"

Johann Calvin (1509–1564), Reformator der Schweiz

Ignatius von Loyola (1491–1556) gründete 1540 den Jesuitenorden

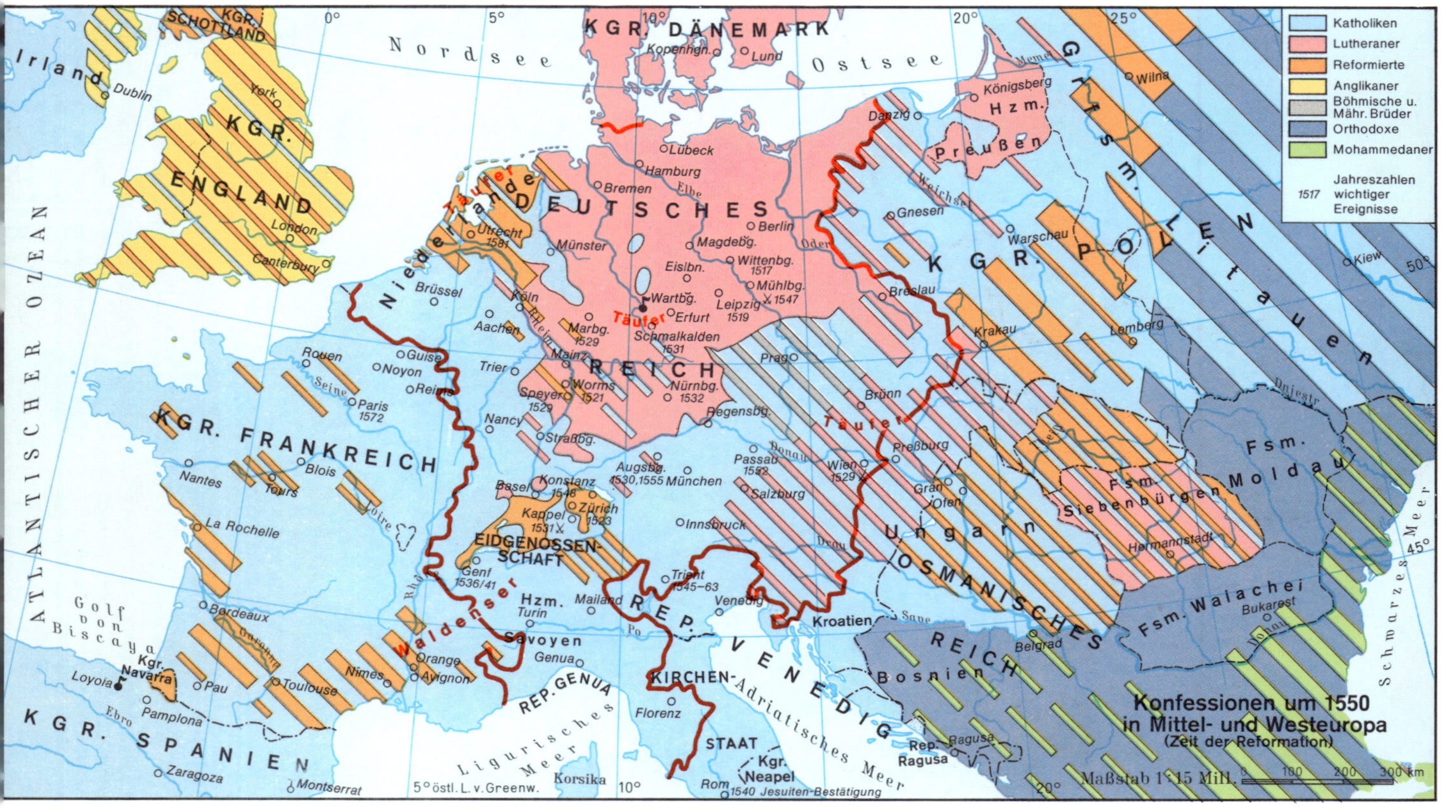

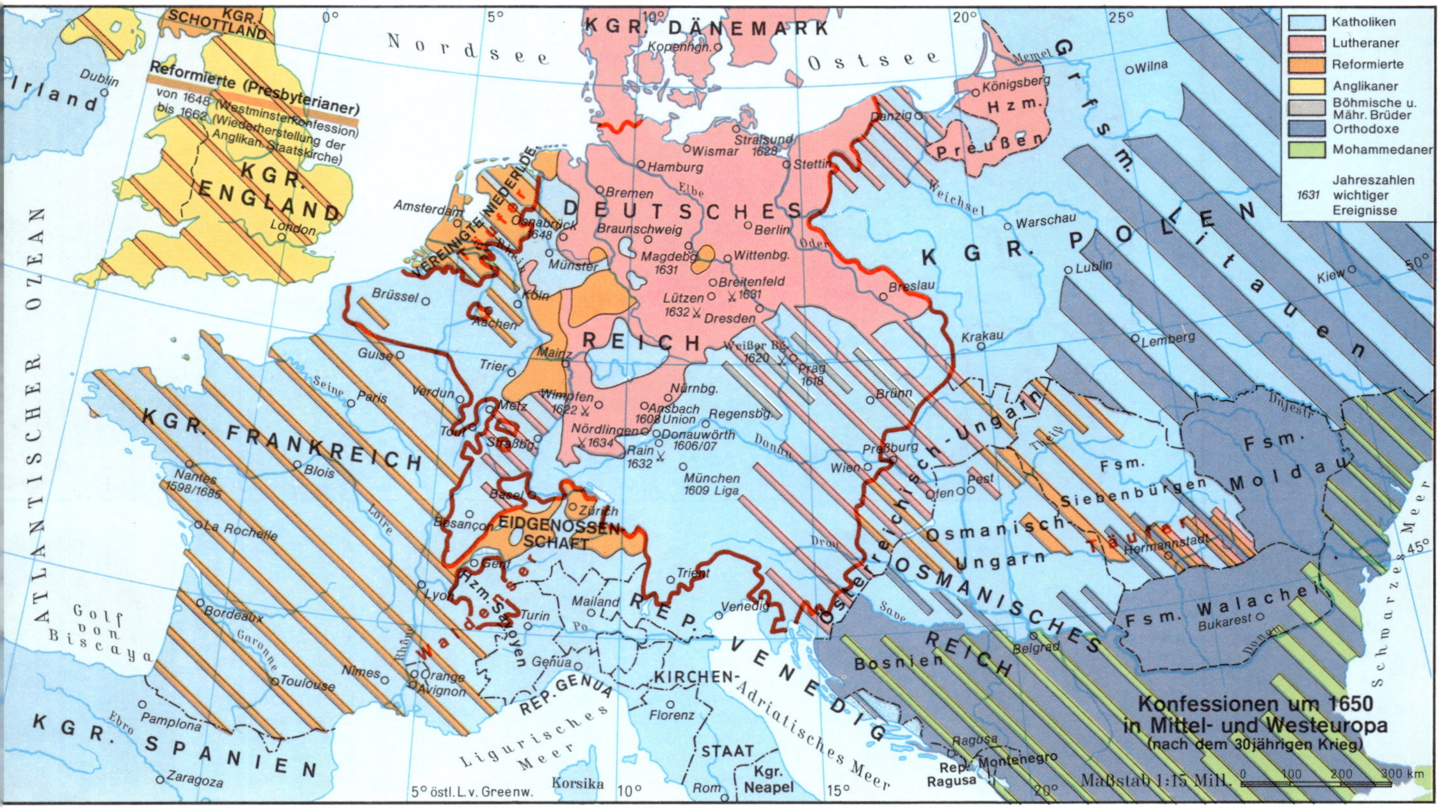

Konfessionen um 1550 in Mittel- und Westeuropa (Zeit der Reformation)

Legende:
- Katholiken
- Lutheraner
- Reformierte
- Anglikaner
- Böhmische u. Mähr. Brüder
- Orthodoxe
- Mohammedaner
- 1517 Jahreszahlen wichtiger Ereignisse

Maßstab 1:15 Mill.

Konfessionen um 1650 in Mittel- und Westeuropa (nach dem 30jährigen Krieg)

Reformierte (Presbyterianer) von 1648 (Westminsterkonfession) bis 1662 (Wiederherstellung der Anglikan. Staatskirche)

Maßstab 1:15 Mill.

20 Mitteleuropa nach dem Dreißigjährigen Krieg

Habsburgische Lande
- Österreichische Linie
- Spanische Linie

Hohenzollernsche Lande
- Brandenburgische Linie
- Fränkische Linie

Wittelsbachische Lande
- Bayerische Linie
- Pfälzische Linie

Wettinische Lande
- Albertiner
- Ernestiner

Haus Oldenburg
- Dänemark (königl. Anteil) und Oldenburg
- Holstein-Gottorp (herzogl.)

- Geistliches Gebiet
- Reichsstädte

Br. zu Brixen
Fr. zu Freising
H.-D. zu Hessen-Darmstadt
H.-K. zu Hessen-Kassel
M. zu Mainz
N. zu Nassau

Osnabr. Friedensschluß
● 1648 (mit Jahr)

Reichsgrenze nach dem Westfälischen Frieden

Albrecht von Wallenstein (1583–1634), Herzog von Friedland und Mecklenburg, bedeutender kaiserlicher Feldherr

König Gustav II. Adolf (1594–1632) kämpfte für die schwedische Großmacht auf der Seite der Protestanten

Ludwig XIV. (1638–1715), der „Sonnenkönig", führte zahlreiche Kriege gegen alle Nachbarn bis zur Erschöpfung Frankreichs

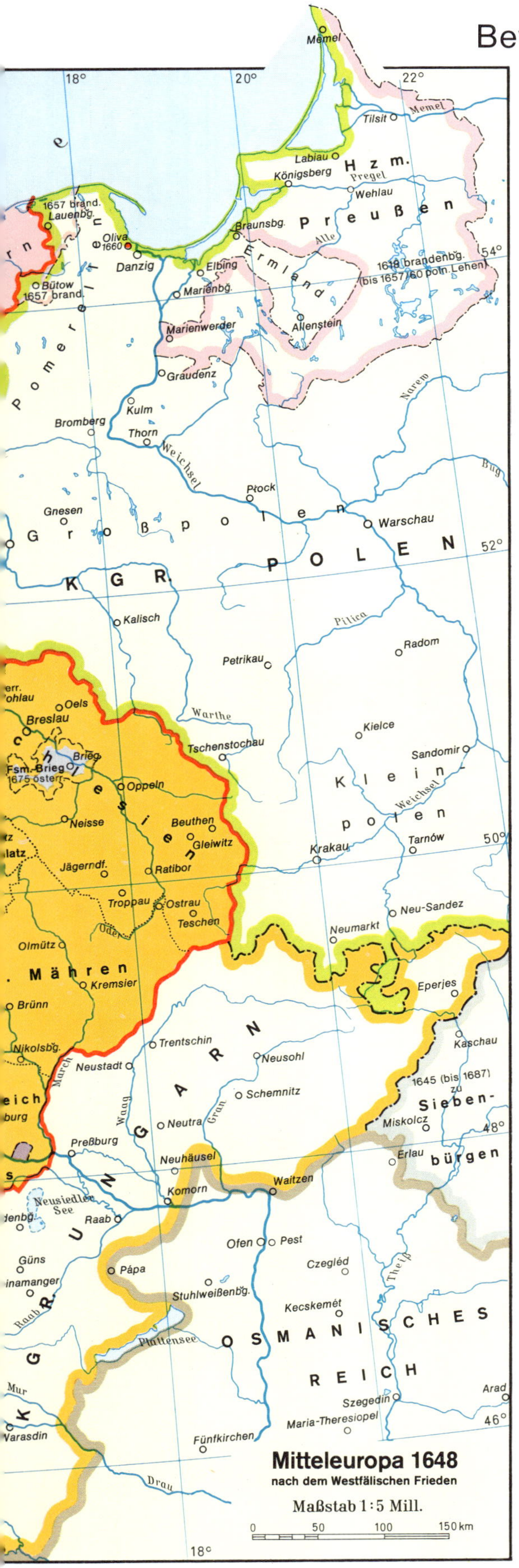

Mitteleuropa 1648
nach dem Westfälischen Frieden
Maßstab 1:5 Mill.
0 50 100 150 km

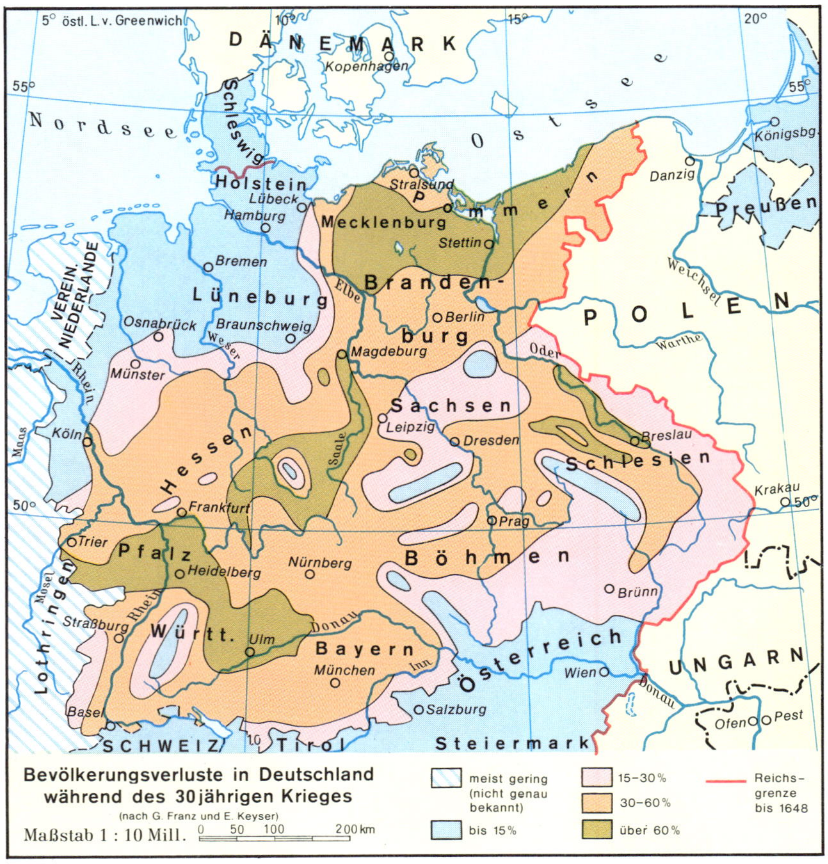

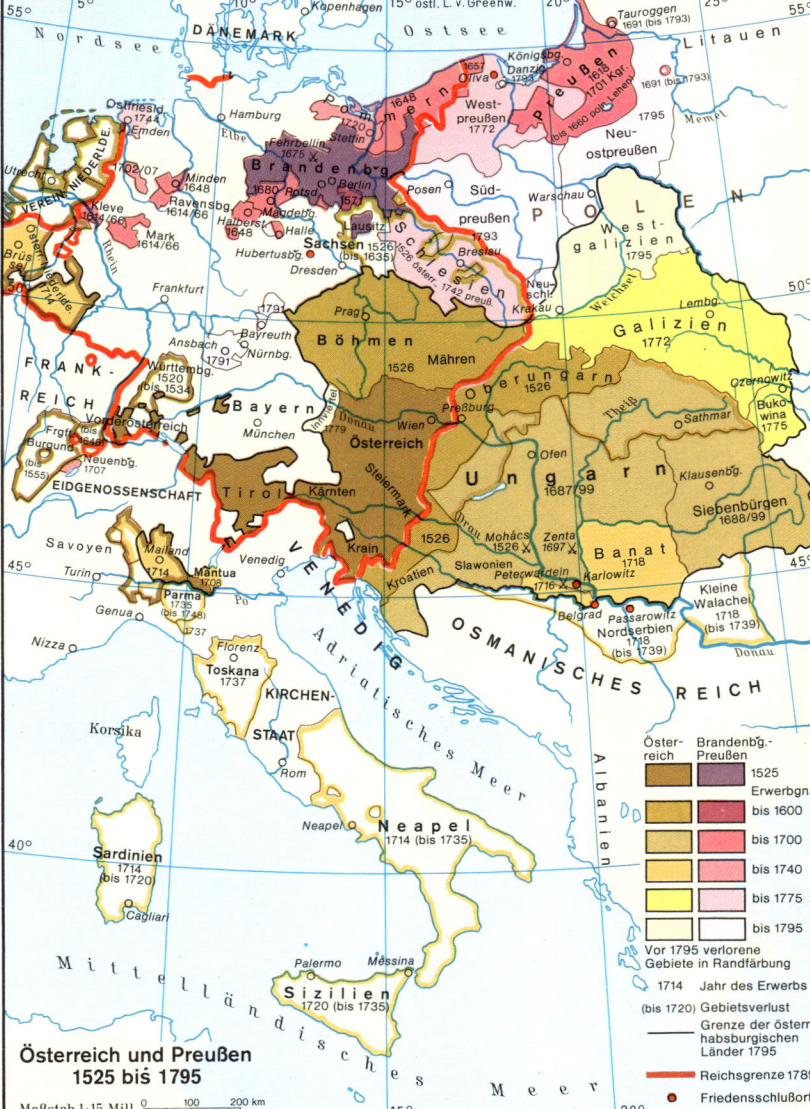

Bevölkerungsverluste in Deutschland während des 30jährigen Krieges
(nach G. Franz und E. Keyser)
Maßstab 1 : 10 Mill. 0 50 100 200 km
meist gering (nicht genau bekannt)
bis 15%
15–30%
30–60%
über 60%
Reichsgrenze bis 1648

Österreich und Preußen 1525 bis 1795
Maßstab 1:15 Mill. 0 100 200 km

Österreich	Brandenbg.-Preußen	
		1525
		Erwerbgn. bis 1600
		bis 1700
		bis 1740
		bis 1775
		bis 1795

Vor 1795 verlorene Gebiete in Randfärbung
1714 Jahr des Erwerbs
(bis 1720) Gebietsverlust
Grenze der österr.-habsburgischen Länder 1795
Reichsgrenze 1789
Friedensschlußort

ch
n
688), der
Kur-
schuf
heit-
branden-
ch-
schen

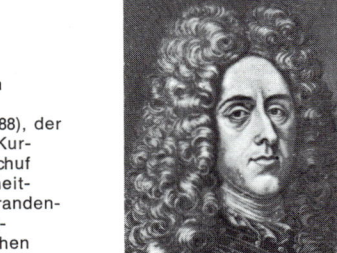

Prinz Eugen von Savoyen (1663–1736), „der edle Ritter", kaiserlicher Feldherr gegen Türken und Franzosen

22 Der Siebenjährige Krieg als weltgeschichtliches Ereignis

Der 7jährige Krieg in Deutschland 1756–1763

Der 7jährige Krieg in der Welt (Brit.-franzö. See- und Kolonialkrieg)

Friedrich der Große (1712–1786) bezeichnete sich als „1. Diener des Staates". Unter ihm wird Preußen zur 5. Großmacht in Europa. Förderung der Landwirtschaft, Urbarmachung von Sümpfen.

Maria Theresia (1717–1780), deutsche Kaiserin, Königin von Ungarn und Böhmen, umsichtige Landesmutter, Gegnerin Friedrichs des Großen

Nach der Französischen Revolution: Europa unter Napoleon

Französische Revolution: Pariser stürmen am 14. Juli 1789 die Bastille, das Staatsgefängnis. Ihre Parole: „Freiheit, Gleichheit, Brüderlichkeit"

Napoleon I. (1769-1821), Kaiser der Franzosen (1804-1814/15) Unter ihm gingen Errungenschaften der Revolution auf Europa über. 1804 Code Napoléon = Zivilgesetzbuch

Freiherr vom Stein (1757–1831) Bauernbefreiung u. Selbstverwaltung der Städte in Preußen (1807/08)

Europa 1812 (zur Zeit Napoleons I.)

Maßstab 1 : 25 Mill.

- Frankreich 1812
- Von Napoleoniden regierte Staaten
- Sonstige Vasallenstaaten Frankreichs
- Frankreich und seine Verbündeten vor dem Rußlandfeldzug 1812
- Volkserhebung
- Friedensschluß (mit Jahr)

Karl August Fürst von Hardenberg (1750–1822) ordnete Preußens Finanzwesen, führte die Gewerbefreiheit ein

Gerhard von Scharnhorst, General (1755–1813), führte die Heeresreform durch (Allgemeine Wehrpflicht)

Johann Wolfgang Goethe (1749–1832), Deutschlands größter Dichter, machte Weimar zum geistigen Mittelpunkt

Friedrich Schiller (1759–1805), bedeutender Dichter und Historiker; Goethe holte ihn nach Weimar

Ludwig van Beethoven (1770–1827), weltberühmter Komponist; IX. Symphonie mit dem „Lied an die Freude"

24 Vom Wiener Kongreß bis zum Ende des Deutschen Bundes

Abkürzungen

Thüringische Staaten:
- W. Grhzm. Sachsen-Weimar-Eisenach
- A. Hzm. Sachsen-Altenburg (seit 1826, vorher gothaisch)
- C. Hzm. Sachsen-Coburg-Gotha (seit 1826 unter einem Herrscherhaus)
- M. Hzm. Sachsen-Meiningen (darin 1826 aufgenommen der Hauptteil des Herzogtums Sachsen-Hildburghausen)
- R. Fsm. Schwarzburg-Rudolstadt
- S. Fsm. Schwarzburg-Sondershsn.
- R.ä. Fsm. Reuß älterer Linie
- R.j. Fsm. Reuß jüngerer Linie (bis 1824 drei Fürstentümer, ab 1853 ein Fürstenhaus)

Anhaltische Staaten:
- B. Hzm. Anhalt-Bernburg (1863 an Anhalt-Dessau)
- D. Hzm. Anhalt-Dessau
- K. Hzm. Anhalt-Köthen (1847 durch Personalunion mit Anhalt-Bernburg verbunden)

Hessen:
- H.-H. Landgrafschaft Hessen-Homburg. 1866 erst an Grhzm. Hessen, dann an Preußen

— Grenze des Deutschen Bundes 1815
Hzm. Schleswig Antrag auf Aufnahme in den Deutschen Bund vom Vorparlament 1848 stattgegeben
★ Festung des Dt. Bundes
••• Grenze des Norddeutschen Bundes 1867

Deutscher Bund, ein Staatenbund souveräner Einzelstaaten, 1815 geschaffen, 1866 aufgelöst. Führendes Mitglied: Österreich.

Norddeutscher Bund, ein Bundesstaat unter der Präsidentschaft des Königs von Preußen, seit 1866/67; nach dem Beitritt süddeutscher Länder 1870/71 zum „Deutschen Reich" umgebildet.

Wilhelm von Humboldt (1767–1835), Staatsmann, Gelehrter, Mitbegründer der Berliner Universität

Alexander von Humboldt (1769–1859), Naturforscher, Weltreisender. Hauptwerk „Kosmos"

Jacob u. Wilhelm Grimm (1785–1863 bzw. 1786–1859), Begründer des Deutschen Wörterbuches, Märchensammler

Der Wiener Kongreß (1814/15) ordnet das europäische Staatengefüge neu:
1. Wellington/England, 2. Hardenberg/Preußen, 3. Metternich/Österreich, 4. Rasumowsky/Rußland, 5. Labrador/Spanien, 6. Talleyrand/Frankreich, 7. W. v. Humboldt/Preußen

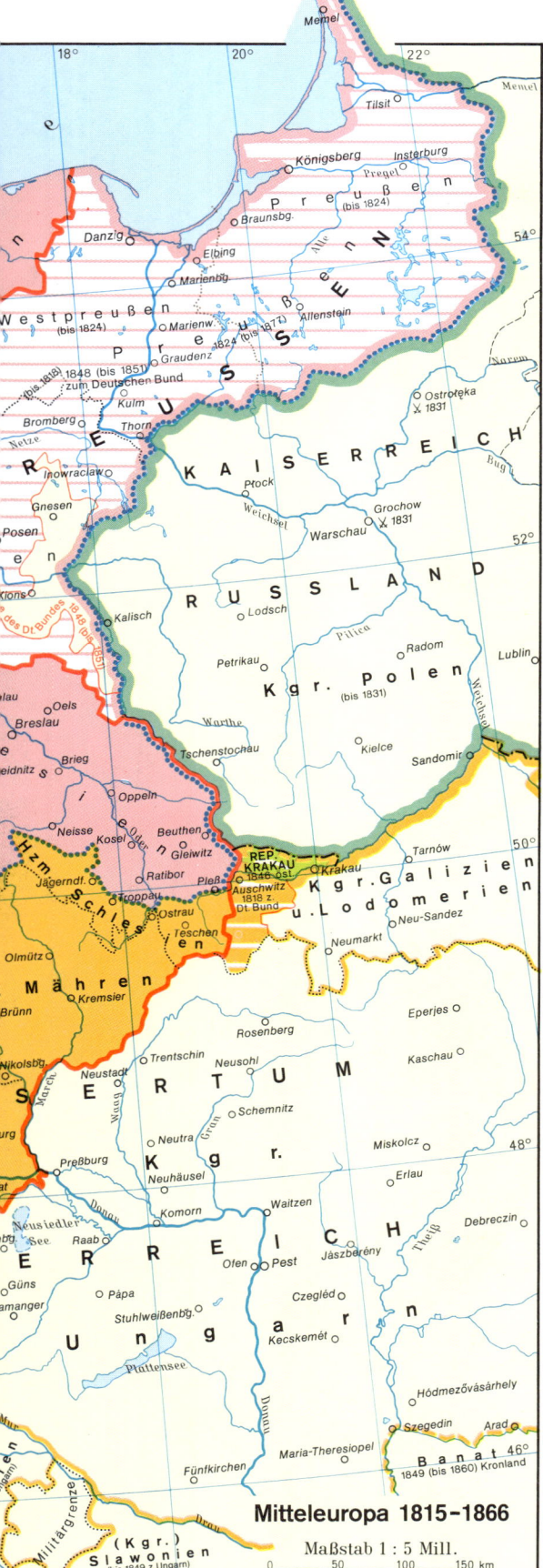

Mitteleuropa 1815–1866
Maßstab 1 : 5 Mill.

Wartburgfest der deutschen Burschenschaften am 18. 10. 1817 zum Gedenken an die Reformation und die Völkerschlacht bei Leipzig 1813

Ausgelöst von Paris, gärte es überall in Deutschland (Berlin, München, Wien usw.). Barrikadenkampf vor dem Cöllnischen Rathaus in Berlin am 18. März 1848

Robert Blum (1804–1848), ein führender Politiker der Frankfurter Nationalversammlung, in Wien standrechtlich erschossen

Die ungarische Unabhängigkeitsbewegung 1848 gegen das Haus Habsburg wurde 1849 mit Hilfe der Russen niedergeschlagen. Erstürmung von Budapest

26 Die Neue Welt

Christoph Kolumbus (1446–1506) entdeckte in spanischen Diensten 1492 Amerika

Amerigo Vespucci (1451–1512), Seefahrer. Nach ihm wurde Amerika benannt

Würdenträger in Tracht und Schmuck (Aztekenzeit in Mexiko etwa 1000–1519 n. Chr.) nach alten Bilderhandschriften

Sogen. Gouverneurspalast in Uxmal (Yucatán) (Mayazeit 471–1524 n. Chr.)

Ruinen von Tampu Machay bei Cuzco, Landsitz oder Tempel der Inkazeit (1438–1532 n. Chr.)

Quechua-Indianer im 20. Jh. aus der Nähe von Cuzco (Peru)

Porträtkopf aus Nordperu (Mochicazeit, etwa 400–1000 n. Chr.)

1492 Kolumbus erreicht (rund 500 Jahre nach den Normannen) Amerika

1754/1763 Britisch-Französischer Kolonialkrieg: Vernichtung des Französischen Kolonialreichs in Amerika (und Indien)

1775/1783 Unabhängigkeitskrieg in Nordamerika

1787 Verfassung der Vereinigten Staaten von Amerika als Grundgesetz der ersten modernen Demokratie

Azteken / Maya / Inka — Altamerikanische Kulturen vor Kolumbus

- Span. Erwerbgn. bis 1550 / Zuwachs bis 1750 / Zuwachs bis 1800
- Portugies. Erwerbgn. bis 1550 / Zuwachs bis 1750 / Zuwachs bis 1800
- Englische Erwerbungen bis 1670 / Britischer Zuwachs bis 1800
- Französische Erwerbungen
- Niederländische Erwerbungen
- Dänische Erwerbungen
- Schwedische Erwerbungen
- Russische Erwerbungen
- Pfandgebiet der Welser 1528–1545
- Die 13 Vereinigten Staaten (mit Territorien) 1783

Die Erwerbungen der Spanier, Portugiesen und Russen waren oft nur Ansprüche.
Vorübergehender Besitz in Randfärbung
1580–1640 Personalunion Spanien/Portugal
1689–1702 Personalunion England/Niederlde.
1536 Ortsgründung oder -inbesitznahme
Jesuitengebiete (bis 1767)

Nord- und Südamerika
von Kolumbus bis Napoleon I.

Maßstab 1:60 Mill.

Die Neue Welt 27

Unabhängigkeitserklärung der ersten 13 Vereinigten Staaten von Amerika und Verkündung der Menschenrechte (Leben, Freiheit und Streben nach Glück) am 4. Juli 1776

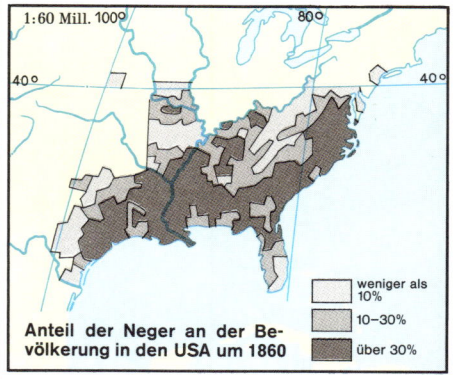

Anteil der Neger an der Bevölkerung in den USA um 1860
- weniger als 10%
- 10–30%
- über 30%

Baumwollernte um 1860 in den Südstaaten

Benjamin Franklin (1706–1790), Mitunterzeichner der Unabhängigkeitserklärung

George Washington (1732–1799), „Vater der Amerikanischen Union", General und 1. Präsident

Simón Bolívar (1783–1830), Befreier Südamerikas von den Spaniern

Abraham Lincoln (1809–1865), Präsident der USA im Sezessionskrieg 1861–65

Nord- und Südamerika im 19. Jahrhundert

Maßstab 1:60 Mill.

1810/1826	Unabhängigkeitskämpfe in den spanischen Kolonien. Erfolgreiche Freiheitsführer: Simón Bolívar und San Martín
1822	Lösung Brasiliens vom portugiesischen Mutterland ohne Kampf
1823	Monroe-Doktrin (des amerikanischen Präsidenten James Monroe): keine Einmischung von außen! Amerika den Amerikanern!
1861/1865	Sezessionskrieg: amerikanischer Bürgerkrieg zur Abwehr der Spaltung nach dem Austritt (Sezession) der Südstaaten (Sklaverei!) aus der von Präsident Lincoln geführten Union
1879/1883	Salpeterkrieg zwischen Chile und Bolivien/Peru

Spanischer Kolonialbesitz bis 1810/26:
- Vizekönigreich Neuspanien
- Vizekönigreich Neugranada
- Vizekönigreich Peru
- Vizekönigreich La Plata
- Vereinigte Provinzen von Mittelamerika
- Großkolumbien
- Bolivianisch-Peruanische Konföderation
- Dominion Kanada 1867
- Nordgrenze der konföderierten Staaten von Amerika („Südstaaten")
- Staatsgrenze Ende des 19. Jahrhunderts

28 Deutschlands wirtschaftliche Einigung

Die Zollvereinigungen der deutschen Länder

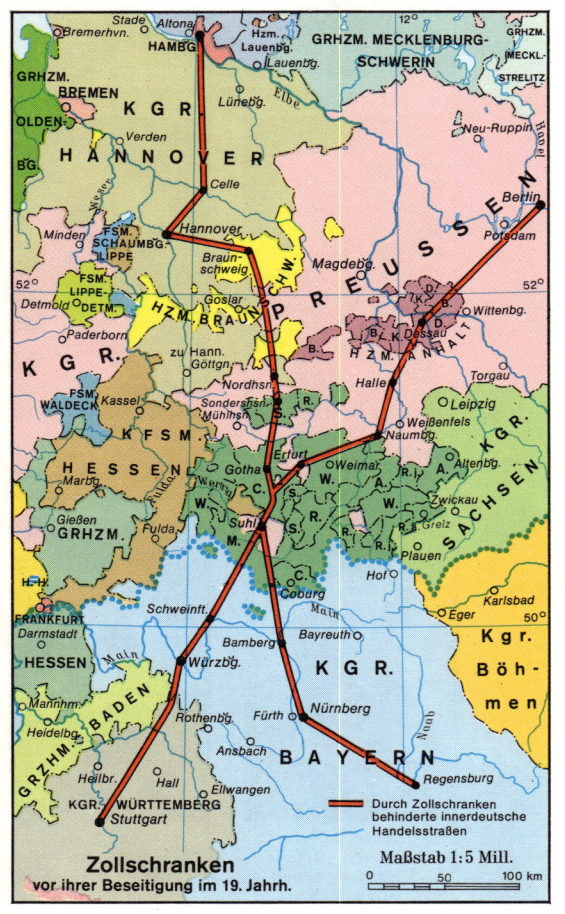

1816 Zoll-, Handels- und Verkehrsverhältnisse Deutschlands in beklagenswertem Zustand. Fast jeder Staat im Dt. Bund mit besonderer Post, besonderen Münzen, Maßen und Gewichten. Verbesserung durch einheitliche Regelung des Zollwesens von dem Schwaben Friedrich List 1819 angestrebt

1818 Ganz Preußen einheitliches Zollgebiet: keine Binnenzölle oder Akzise mehr mit 60 verschiedenen Tarifen, dafür Zollerhebung an den Grenzen

1828 Bildung von drei verschiedenen Zollvereinen

1834 „Deutscher Zollverein" für zunächst acht Jahre, Vertragserneuerung nach langwierigen Verhandlungen. Durch den Zollverein wirtschaftliche Einigung Deutschlands und Vorbereitung der politischen Einigung

1867 Der Norddeutsche Bund als Ganzes, nicht die Gliedstaaten, dem Zollverein angeschlossen

- Preußisch-Hessischer Zollverein (gegr. 1828) im Jahre 1830
- Süddeutscher Zollverein 1828–1833
- Mitteldeutscher Handelsverein 1828–1831
- Deutscher Zollverein im Gründungsjahr 1834
- Steuerverein, gegr. 1834/36; 1842 bzw. 1854 zum Dt. Zollverein
- Verschiedene Anschlüsse an den Deutschen Zollverein 1836–1842
- Zollvereinsanschluß 1867/68
- Zollgebietsanschlüsse nach der Reichsgründung: 1872 bzw. 1888

1833 Jahr des Anschlusses an den Preußisch-Hessischen bzw. an den Deutschen Zollverein

Grenze des Dt. Bundes 1840

Mehrmalige Versuche Österreichs nach Zolleinigung mit dem engeren Deutschland

Maßstab 1 : 7,5 Mill.

Zollschranken vor ihrer Beseitigung im 19. Jahrh.

Durch Zollschranken behinderte innerdeutsche Handelsstraßen

Maßstab 1 : 5 Mill.

Das deutsche Eisenbahn-System
nach dem Vorschlag des Nationalökonomen Friedrich List (1833)

Lokomotive „Der Adler", von G. Stephenson für die erste deutsche Dampfeisenbahn Nürnberg–Fürth gebaut (1835)

Deutschlands politische Einigung

Das kleindeutsche Kaiserreich der Hohenzollern (Bismarckreich) 1871

1849	Frankfurter Nationalversammlung wählt den preußischen König zum deutschen Erbkaiser. Friedrich Wilhelm IV. lehnt jedoch die ihm angebotene Würde ab.
1866	Krieg zwischen Preußen und Österreich und die Auflösung des Deutschen Bundes machen den Weg frei für die kleindeutsche Einigung.
1870/1871	Deutsch-Französischer Krieg durch Feindschaft Frankreichs (Napoleon III.) gegen die deutsche Einigung. Der gegen Frankreich kämpfende Norddeutsche Bund, 1870 durch Anschluß von Baden, südlichem Hessen, Bayern und Württemberg erweitert, wird zum „Deutschen Reich".
1871	König Wilhelm I. von Preußen aus dem Hause Hohenzollern Deutscher Kaiser; Reichskanzler der preußische Ministerpräsident Bismarck. Friede mit Frankreich: Elsaß (außer Belfort) und ein Teil von Lothringen werden dt. „Reichsland".
1884	Das Deutsche Reich wird Kolonialmacht.
1890	Bismarck als Reichskanzler entlassen. Einige Jahre danach beginnende „Einkreisung" des Dt. Reichs.
1918	Ende der Hohenzollernmacht und Abdankung aller dt. Landesfürsten.

— Grenze des Deutschen Reiches
○ Berlin Hauptstadt
○ Detmold Landeshauptstadt im Dt. Reich
○ Kassel Provinzhauptstadt in Preußen

Die Nationalversammlung in der Paulskirche zu Frankfurt 1848/49 erreichte weder die groß- noch die kleindeutsche Einheit (mit oder ohne Österreich)

Die Kaiserkrönung im Spiegelsaal zu Versailles am 18. Januar 1871 (nach dem Sieg über Napoleon III. bei Sedan am 1. September 1870)

König Wilhelm I. von Preußen (1797–1888), der erste „Deutsche Kaiser"

Otto v. Bismarck (1815–1898), preuß. Ministerpräsident, Gründer des Deutschen Reiches

Graf Moltke (1800–1891), preuß. Generalstabschef i. d. Kriegen 1864, 1866, 1870/71

Ludwig Windthorst (1812–1891), Führer des Zentrums, Gegner Bismarcks im Kulturkampf

Franz Joseph (1830–1916), seit 1848 Kaiser von Österreich, seit 1867 auch König von Ungarn

30 Die industrielle Revolution in Deutschland

Kohlenzeche zu Dorsten an der Lippe (Münsterland)

Spinnmaschine aus dem sächsischen Industriegebiet

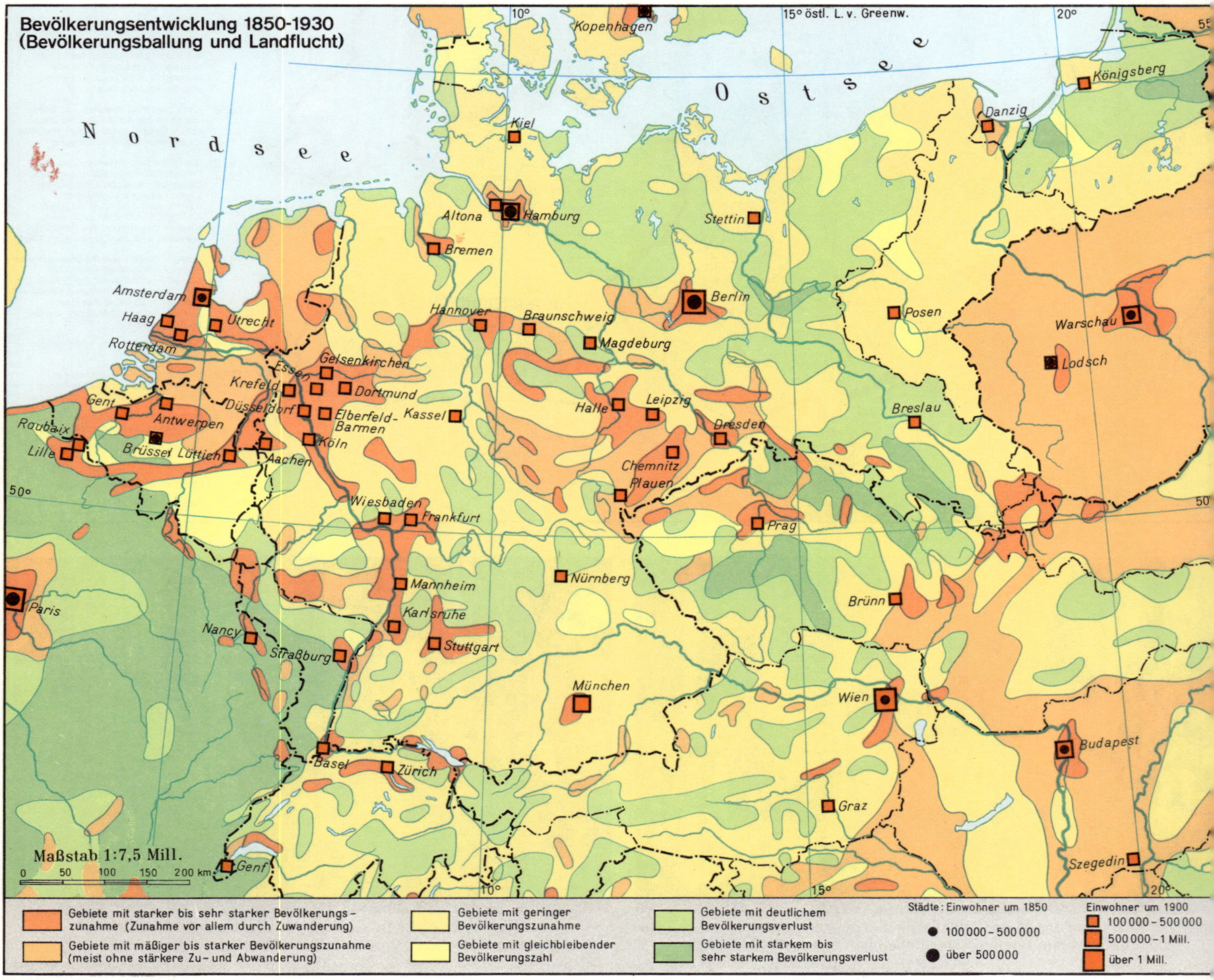

Bevölkerungsentwicklung 1850-1930 (Bevölkerungsballung und Landflucht)

Maßstab 1:7,5 Mill.

Legende:
- Gebiete mit starker bis sehr starker Bevölkerungszunahme (Zunahme vor allem durch Zuwanderung)
- Gebiete mit mäßiger bis starker Bevölkerungszunahme (meist ohne stärkere Zu- und Abwanderung)
- Gebiete mit geringer Bevölkerungszunahme
- Gebiete mit gleichbleibender Bevölkerungszahl
- Gebiete mit deutlichem Bevölkerungsverlust
- Gebiete mit starkem bis sehr starkem Bevölkerungsverlust

Städte: Einwohner um 1850
- ● 100 000 – 500 000
- ● über 500 000

Einwohner um 1900
- ■ 100 000 – 500 000
- ■ 500 000 – 1 Mill.
- ■ über 1 Mill.

Justus v. Liebig (1803–1873) befaßte sich besonders mit der Nahrungsmittelchemie

Robert Koch (1843–1910), Arzt, entdeckte 1882 den Tuberkelbazillus (1905 Nobelpreis)

Wilhelm C. Röntgen (1845–1923) entdeckte 1895 die Röntgenstrahlen (1901 Nobelpreis)

Alfred Krupp (1812–1887) entwickelte die Essener Gußstahlfabrik zur Waffenschmiede Europas

August Borsig (1804–1854), Gründer der Maschinenfabrik (Lokomotiven) in Berlin

Werner von Siemens (1816–1892), Begründer der Elektrotechnik (Telegraph, Dynamomaschine)

Die industrielle Revolution in Deutschland 31

Radierung von Käthe Kollwitz: „Weberaufstand"

Mietskasernen mit Bebauung der Hinterhöfe (Breslau um 1880)

Früher: Ackerbaugebiet (um 1820)
Wald · Heide · Vorwiegend Acker u. Wiese
Alte Karte aus Spethmann: Das Ruhrgebiet, Band I

Heute: Stadt- und Industriegebiet
Wald · Wiese · Unbebautes Gelände · Industrieflächen
Maßstab 1:100 000

Karl Marx (1818–1883) formuliert im „Kapital" den „Wissenschaftlichen Sozialismus"

Friedrich Engels (1820–1895) veröffentlichte 1847 zus. mit Marx das Kommunistische Manifest

August Bebel (1840–1913), sozialdemokratischer Parteiführer, am Erfurter Programm beteiligt

Adolf Kolping (1813–1865) gründete 1846 in Elberfeld den ersten katholischen Gesellenverein

Friedrich v. Bodelschwingh (1831–1910) gründete 1872 die Anstalten von Bethel (evang. Innere Mission)

Ernst Abbe (1840–1905), Physiker, Industrieller, Sozialpolitiker (Carl Zeiss Jena, u. Schott & Gen.)

32 Die Entwicklung des Russischen Reiches

Vom Zarenreich zur Sowjetunion

Maßstab 1:50 Mill.

- Grfsm. Moskau 1462
- Rußland 1533
- Erwerbgn. bis 1598
- Erwerbgn. bis 1689
- Erwerbgn. bis 1801
- Erwerbgn. bis 1855
- Erwerbgn. bis 1881
- Erwerbgn. bis 1917
- Sowjetische Erwerbungen
- Durch Warschauer Pakt mit der SU verbunden
- Hauptzug der Besiedlung
- Chines. Gebietsansprüche
- 1632 Ortsgründung od. -inbesitznahme
- 1899 Bahnbau-Zeitpunkt
- 1941 Stausee-Fertigstellung

Kreml (= Burg), ältester Kern von Moskau mit Kirchen und Palästen. Sitz der Zaren bis 1712 und seit 1918 der Sowjetregierung

Peter der Große gründet 1703 Sankt Petersburg (heute Leningrad) als „Fenster nach Europa". 1712–1917 Residenz der Zaren. – Das Winterpalais (Museum „Eremitage")

Iwan IV., der Schreckliche (1530–1584). Seine Willkür schuf innere Zerrüttung

Peter der Große (1672–1725) förderte das Heer, die Flotte und die Gewerbe

Lenin, eigentlich Wladimir Iljitsch Uljanow (1870–1924), Gründer der Sowjetunion

18.2.16 Kapitulationsdatum der Schutztruppe in den deutschen Kolonien im 1. Weltkrieg

Die koloniale Aufteilung der Erde 1914

Kolonialherrschaft in der Welt 33

 Victoria (1819–1901)
 Cecil Rhodes (1853–1902)
 Ohm Krüger (1825–1904)
 Ferdinand de Lesseps
 Henry M. Stanley
 Adolf Lüderitz (1834–1886)

Victoria (1819–1901), 1837 Königin von Großbritannien, 1876 Kaiserin von Indien

Rhodes (1853–1902), Hauptgegner der Buren in Südafrika (Diamanten)

Krüger (1825–1904), Burenführer im Kampf gegen die britische Annexion

Lesseps (1805–1894) baute Suez-, begann Panamakanal.

Stanley (1841–1901) erschloß den Kongo für Belgien.

Lüderitz (1834–1886) begründete 1883/84 Dt.-Südwestafrika.

1898 wurden die Franzosen durch britische Kriegsdrohung zum Rückzug aus Faschoda gezwungen. England wollte herrschen vom Kap bis Kairo und Kalkutta

Gegen die Einmischung der Fremden in China erhoben sich 1900 die „Boxer". Niederschlagung des Aufstandes durch die europäischen Großmächte, die USA und Japan

Kolonialreiche der europäischen Mächte:
- Belgien
- Spanien
- Portugal
- Großbritann.
- Niederlande
- Frankreich
- Deutsches R.
- Italien
- Dänemark

Rußland u. außereurop. Großmächte:
- Japan mit Außenbesitzgn.
- Verein. Staaten m. Außenbes.
- Russisches Reich

Maßstab 1 : 100 Mill.

34 Der Imperialismus und der Erste Weltkrieg in Europa

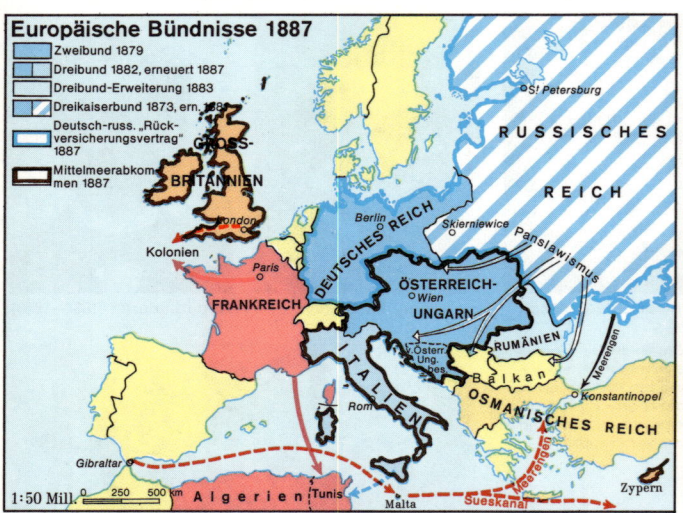

Europäische Bündnisse 1887

Auf dem Berliner Kongreß 1878 (nach dem Russisch-Türkischen Krieg) vermittelte Bismarck als „ehrlicher Makler" zwischen den europäischen Großmächten

Europäische Bündnisse 1912

Kaiser Wilhelm II. (1859–1941) dankte 1918 nach der Niederlage im 1. Weltkrieg ab und ging nach Holland ins Exil

Zar Nikolaus II. (1868–1918) wird infolge der russischen Niederlage 1917 gestürzt und 1918 erschossen

Woodrow Wilson (1856–1924), Präsident der USA, kämpfte glücklos für Selbstbestimmungsrecht und Völkerbund

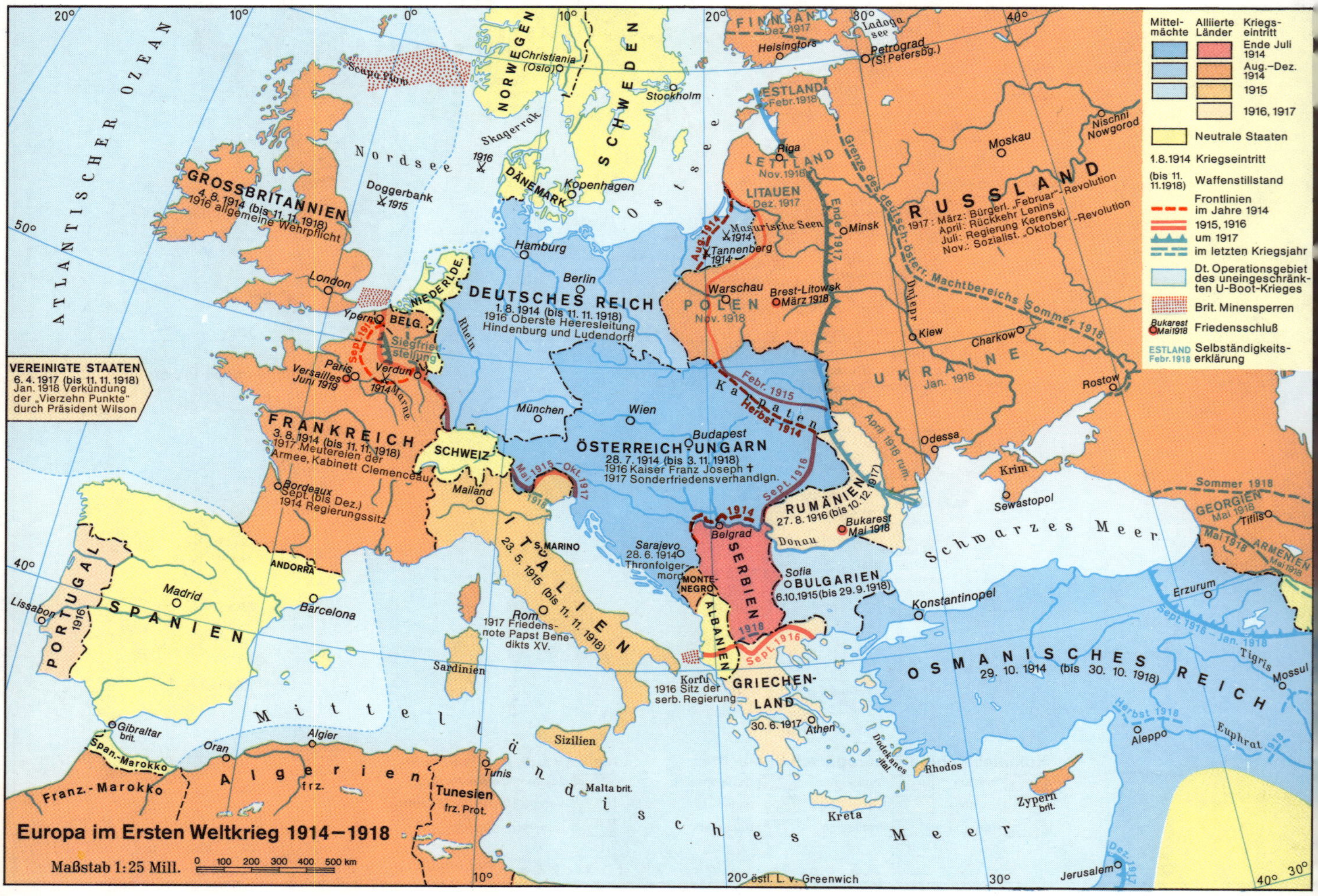

Europa im Ersten Weltkrieg 1914–1918

19 vor dem Nationaltheater in Weimar: Beifall der Bevölkerung r Friedrich Ebert (×) und die Abgeordneten der Nationalver- ammlung, die eine demokratische Verfassung ausarbeiteten

NOTGELD
Fünfhunderttausend
MARK
des Reichspostministeriums
Abteilung München
Zehn Millionen Mark
Hundert Millionen Mark
Millionen 100

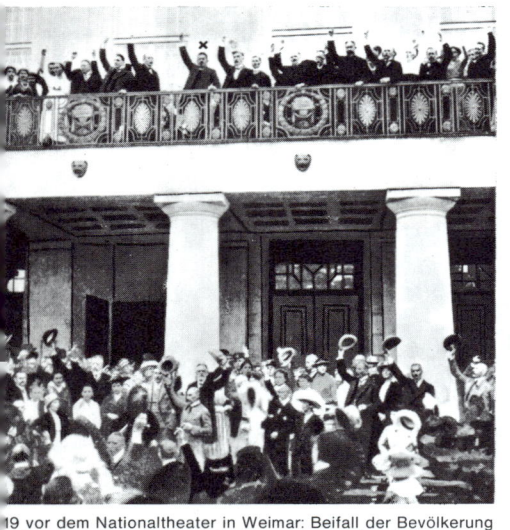

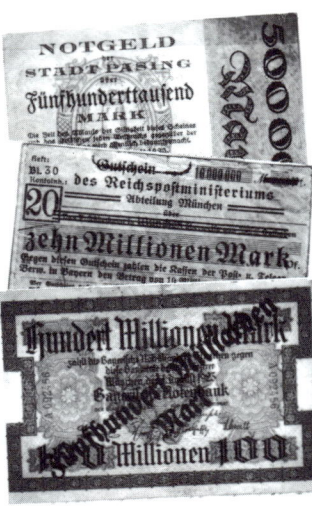

Inflation: 1 Billion (1 000 000 000 000) Reichsmark werden zu 1 Rentenmark (15. 11. 1923)

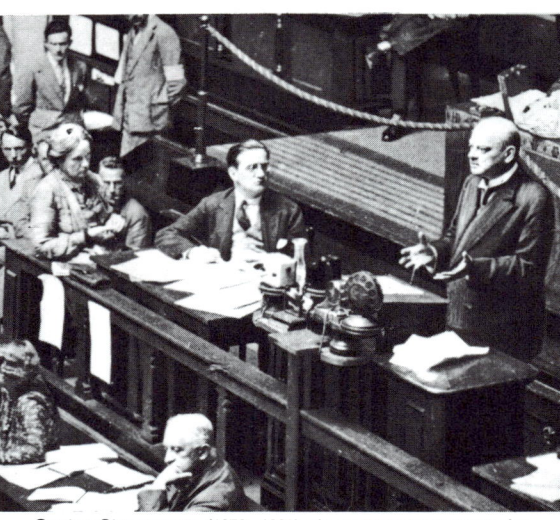

Gustav Stresemann (1878–1929) als Außenminister vor der Völkerbundsversammlung 1929 in Genf. Gemeinsam mit Aristide Briand kämpfte er für ein vereintes Europa

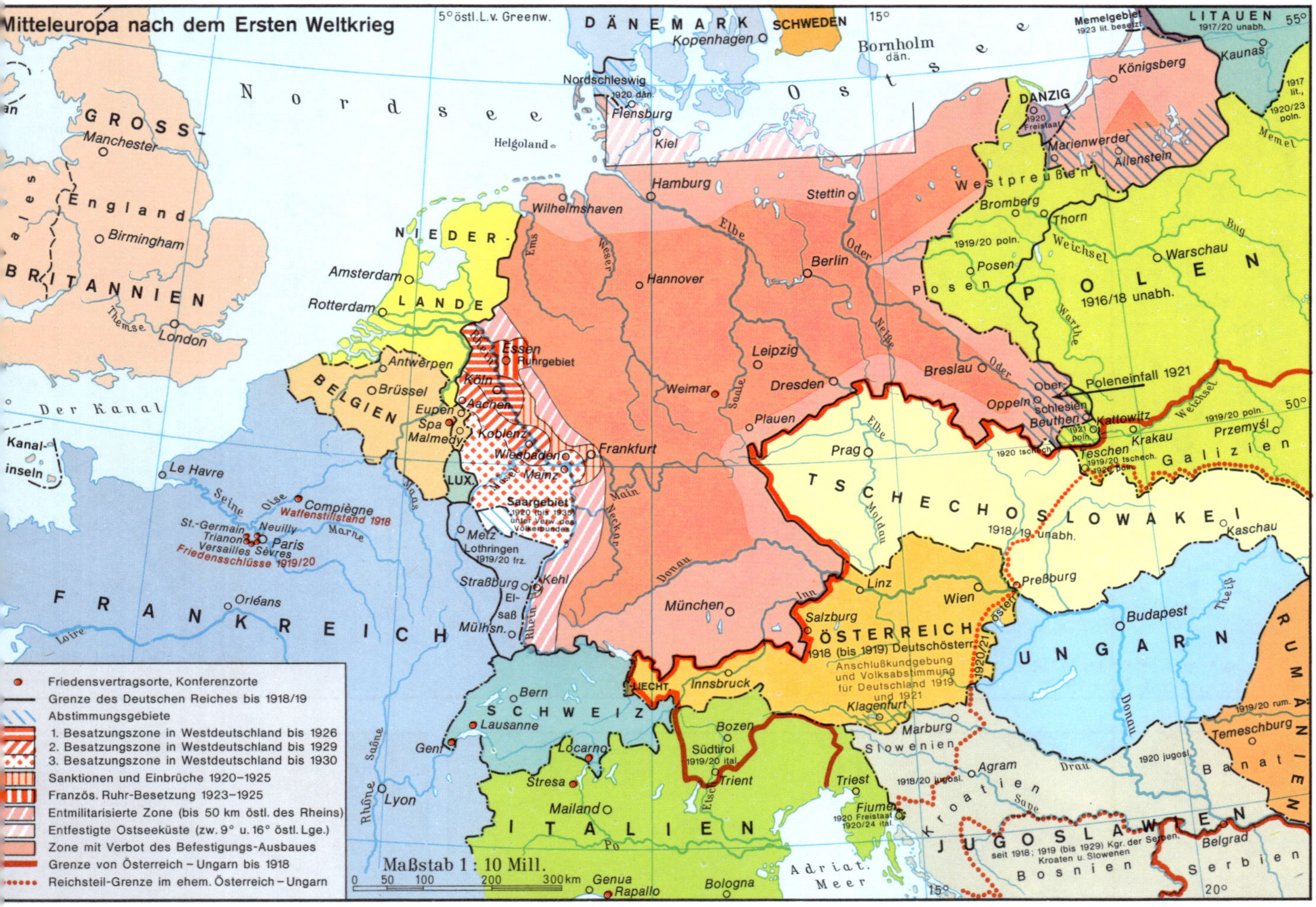
Mitteleuropa nach dem Ersten Weltkrieg
Friedensvertragsorte, Konferenzorte
Grenze des Deutschen Reiches bis 1918/19
Abstimmungsgebiete
1. Besatzungszone in Westdeutschland bis 1926
2. Besatzungszone in Westdeutschland bis 1929
3. Besatzungszone in Westdeutschland bis 1930
Sanktionen und Einbrüche 1920–1925
Französ. Ruhr-Besetzung 1923–1925
Entmilitarisierte Zone (bis 50 km östl. des Rheins)
Entfestigte Ostseeküste (zw. 9° u. 16° östl. Lge.)
Zone mit Verbot des Befestigungs-Ausbaues
Grenze von Österreich – Ungarn bis 1918
Reichsteil-Grenze im ehem. Österreich – Ungarn
Maßstab 1 : 10 Mill.

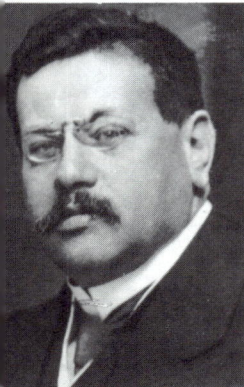

Hugo Preuß (1860–1925), stiger Schöpfer der Weimarer Verfassung 1919

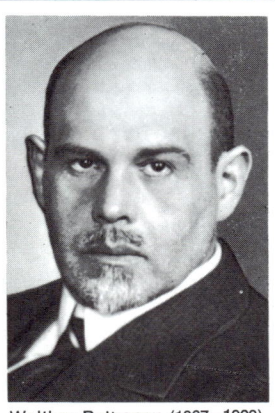

Walther Rathenau (1867–1922), Wirtschaftsführer und Staatsmann (Rapallo-Vertrag 1922)

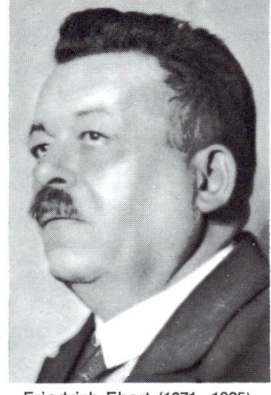

Friedrich Ebert (1871–1925), führender Sozialdemokrat, Reichspräsident 1919–1925

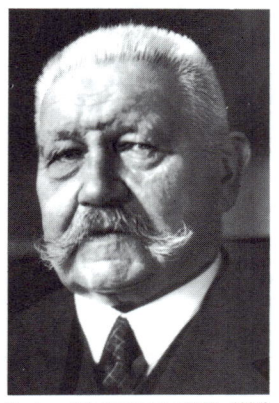

Paul v. Hindenburg (1847–1934), Heerführer im 1. Weltkrieg, Reichspräsident 1925–1934

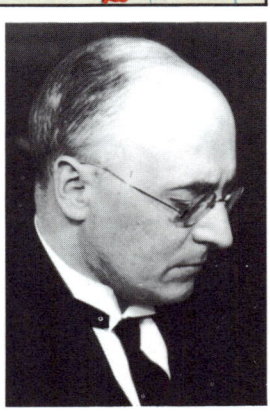

Heinrich Brüning (1885 – 1970) Zentrumsführer, 1930 – 1932 Reichskanzler

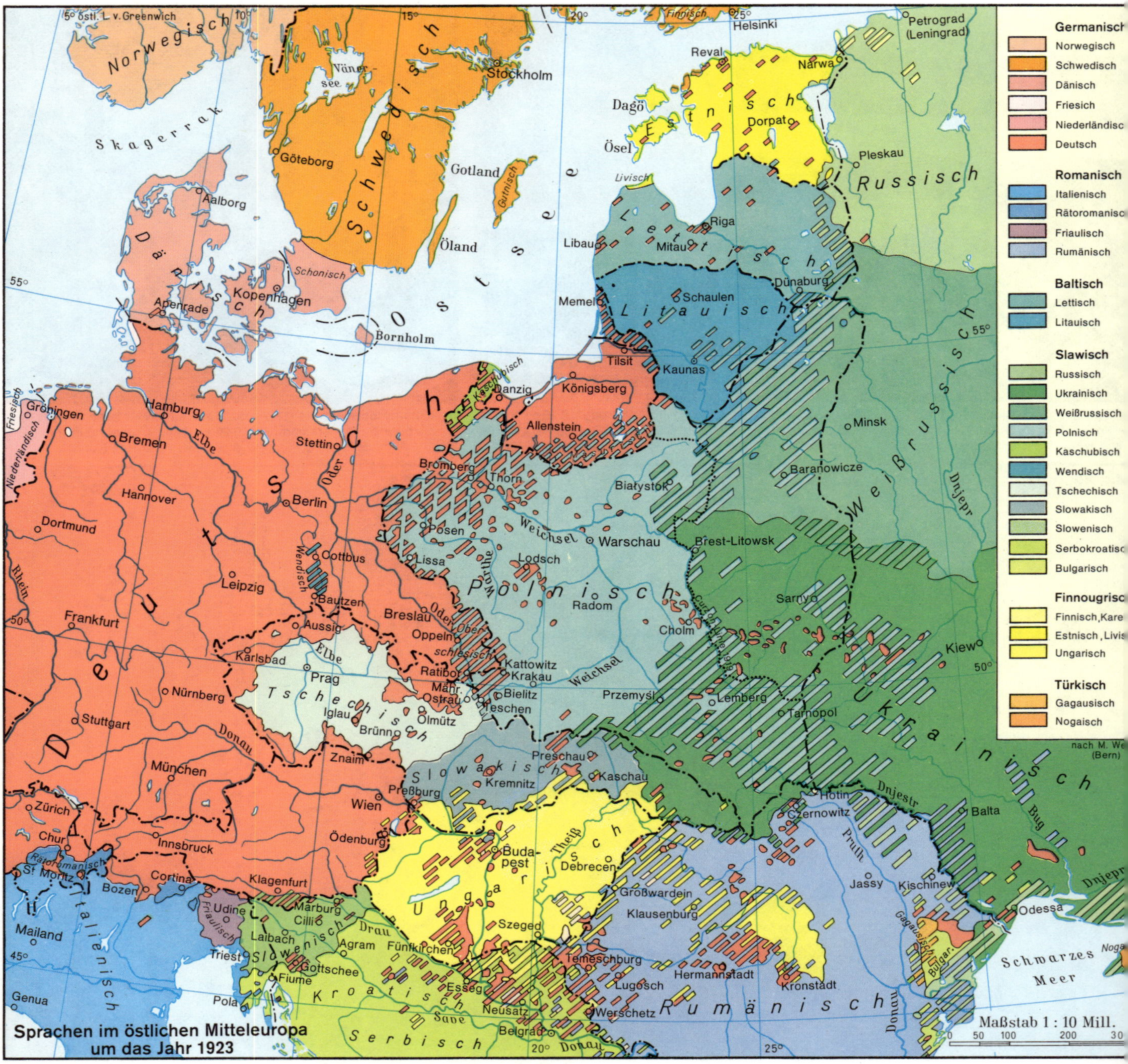

36 Volkstum und Staaten im östlichen Mitteleuropa

Sprachen im östlichen Mitteleuropa um das Jahr 1923

Politische Gliederung im Jahre 1914

Die deutsche Ostgrenze nach dem 1. Weltkrieg

Politische Gliederung im Jahre 1923

Diktatorenherrschaft und Zweiter Weltkrieg 37

Europa im Zweiten Weltkrieg 1939–1945
Maßstab 1:25 Mill.

Legende:
- Dt. Reich und Verbünd. / Alliierte Mächte — Kriegseintritt: 1939, 1940, 1941, nach 1941
- Neutrale Staaten
- Ostfront Anfang Dezember 1941
- Weitestes Vordringen der Achsenmächte Nov. 1942
- Deutscher Machtbereich Anfang Mai 1945
- Alliierte Vorstöße
- Partisanengebiet
- Zentren alliierter Bombenabwürfe in Deutschland
- Grenzen 1939
- Grenzen 1941

Erweitertes deutsches Operationsgebiet ab 18. 3. 1941

Deutsches Seeoperationsgebiet — Geleitzüge — ab 17. 8. 1940

VEREINIGTE STAATEN
1941 Leih- u. Pachtgesetz über Waffenlieferungen an Alliierte (u. a. Sowjetunion), Aufgabe der Neutralität, seit Dez. im Krieg mit Japan, Dt. Reich und Italien

---

Nach dem Reichstagsbrand (1933) setzte Hitler die demokratischen Grundrechte außer Kraft.

Der „Führer und Reichskanzler" Adolf Hitler (1889–1945) demonstriert seine Macht und läßt seine Gegner in Konzentrationslagern einsperren

Der „Duce" Benito Mussolini (*1883), Diktator Italiens, 1943 gestürzt, 1945 erschossen

Stalin, eigentlich Josef Dschugaschwili (1879–1953), Diktator der Sowjetunion

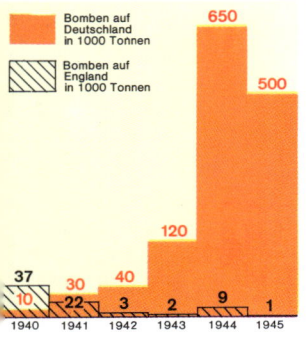

Der Bombenkrieg 1940–1945

Bomben auf Deutschland in 1000 Tonnen / Bomben auf England in 1000 Tonnen

Jahr	Deutschland	England
1940	10	37
1941	30	22
1942	40	3
1943	120	2
1944	650	9
1945	500	1

Görings Luftangriffe auf England führten im Gegenschlag zur Zerstörung deutscher Städte (Dresden)

Hitlers Angriff auf die Sowjetunion (22. 6. 1941) fand seine Wende in Stalingrad. Am 31. Januar 1943 kapitulierte General Paulus

38 Hitlers Gewaltherrschaft und die deutsche Widerstandsbewegung

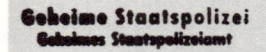

Das „Großdeutsche Reich" (Der NS-Staat)

Maßstab 1 : 7,5 Mill.

Legende:
- ○ NS-Reichsleitung
- ● NS-Gauleitung
- ■ Hauptlager (Konzentrationslager „KZ")
- ▪ Vernichtungslager
- Grenze des „Großdeutschen Reiches" 1944
- Außerdeutsche Staatsgrenzen 1941
- Außerdeutsche Staatsgrenzen 1937
- Gebietserweiterungen vor Ausbruch des 2. Weltkrieges
- Gebietserweiterungen während des 2. Weltkrieges bis Juni 1941
- Gebietserweiterungen nach Ausbruch des Krieges mit der Sowjetunion

„Schutzhaftbefehl" der Gestapo (Geheime Staatspolizei). Deutschland hat aufgehört, ein Rechtsstaat zu sein

In den Konzentrationslagern kamen über 5 Millionen Menschen um, zuerst polit. Gegner, später vor allem Juden, aber auch Zigeuner, Polen, Russen u.a.

Prof. Kurt Huber (*1893), Philosoph an der Universität München; hingerichtet 1943

Sophie Scholl (*1921) verteilte Flugblätter geg. die Nationalsozialisten; hingerichtet 1943

Carl Goerdeler (*1884), treibende Kraft des Widerstandes; hingerichtet 1945

Graf Stauffenberg (*1907), Attentäter des 20. Juli 1944; standrechtlich erschossen

General Ludwig Beck (*1880), Gegner Hitlers, fand am 20. Juli 1944 den Tod

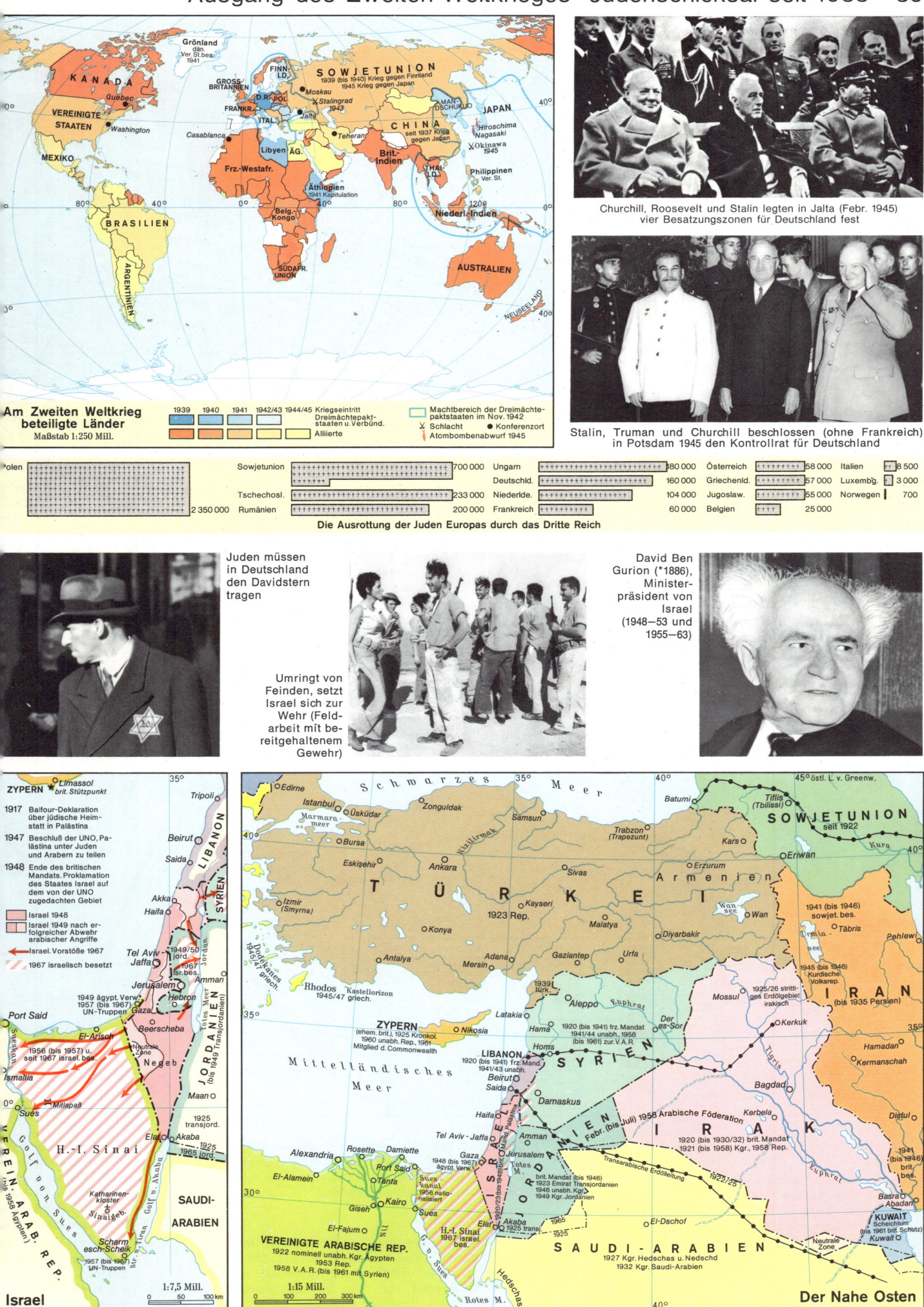

Ausgang des Zweiten Weltkrieges · Judenschicksal seit 1933

Am Zweiten Weltkrieg beteiligte Länder
Maßstab 1:250 Mill.

1939 | 1940 | 1941 | 1942/43 | 1944/45 Kriegseintritt
Dreimächtepaktstaaten u. Verbünd.
Alliierte
Machtbereich der Dreimächtepaktstaaten u. Nov. 1942
× Schlacht
● Konferenzort
↓ Atombombenabwurf 1945

Churchill, Roosevelt und Stalin legten in Jalta (Febr. 1945) vier Besatzungszonen für Deutschland fest

Stalin, Truman und Churchill beschlossen (ohne Frankreich) in Potsdam 1945 den Kontrollrat für Deutschland

Die Ausrottung der Juden Europas durch das Dritte Reich

Land	Opfer
Polen	
Sowjetunion	700 000
Tschechosl.	233 000
Rumänien	2 350 000
Ungarn	180 000
Deutschl.	160 000
Niederld.	104 000
Frankreich	60 000
Österreich	58 000
Griechenld.	57 000
Jugoslaw.	55 000
Belgien	25 000
Italien	8 500
Luxemb.	3 000
Norwegen	700

Juden müssen in Deutschland den Davidstern tragen

Umringt von Feinden, setzt Israel sich zur Wehr (Feldarbeit mit bereitgehaltenem Gewehr)

David Ben Gurion (*1886), Ministerpräsident von Israel (1948–53 und 1955–63)

Israel

1917 Balfour-Deklaration über jüdische Heimstatt in Palästina
1947 Beschluß der UNO, Palästina unter Juden und Arabern zu teilen
1948 Ende des britischen Mandats. Proklamation des Staates Israel auf dem von der UNO zugedachten Gebiet

- Israel 1948
- Israel 1949 nach erfolgreicher Abwehr arabischer Angriffe
- Israel. Vorstöße 1967
- 1967 israelisch besetzt

1:7,5 Mill.

Der Nahe Osten

1:15 Mill.

40 Bevölkerungsbewegung in Europa

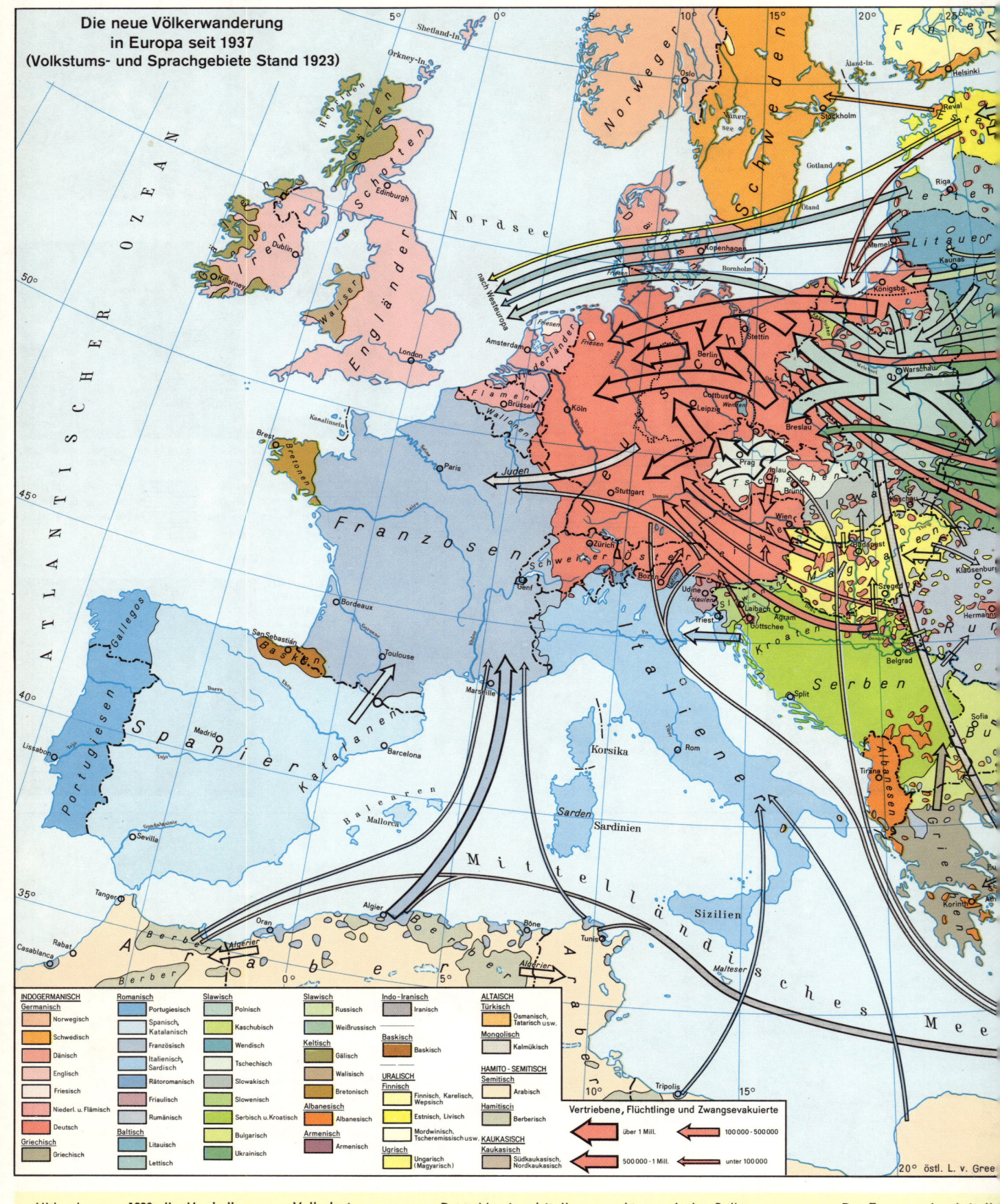

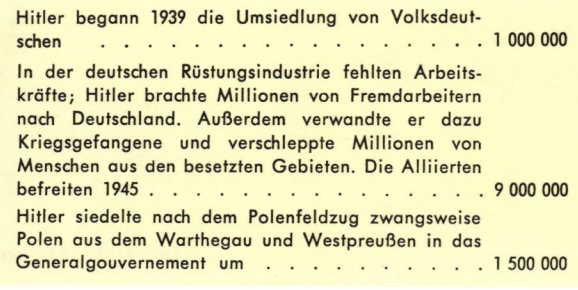

Die neue Völkerwanderung in Europa seit 1937
(Volkstums- und Sprachgebiete Stand 1923)

Legende – Sprachgruppen:

INDOGERMANISCH
- Germanisch: Norwegisch, Schwedisch, Dänisch, Englisch, Friesisch, Niederl. u. Flämisch, Deutsch
- Griechisch: Griechisch
- Romanisch: Portugiesisch, Spanisch, Katalanisch, Französisch, Italienisch, Sardisch, Rätoromanisch, Friaulisch, Rumänisch
- Baltisch: Litauisch, Lettisch
- Slawisch: Polnisch, Kaschubisch, Wendisch, Tschechisch, Slowakisch, Slowenisch, Serbisch u. Kroatisch, Bulgarisch, Ukrainisch
- Slawisch: Russisch, Weißrussisch
- Keltisch: Gälisch, Walisisch, Bretonisch
- Albanesisch: Albanesisch
- Armenisch: Armenisch

INDO-IRANISCH
- Iranisch
- Baskisch: Baskisch

URALISCH
- Finnisch: Finnisch, Karelisch, Wepsisch; Estnisch, Livisch; Mordwinisch, Tscheremissisch usw.
- Ugrisch: Ungarisch (Magyarisch)

ALTAISCH
- Türkisch: Osmanisch, Tatarisch usw.
- Mongolisch: Kalmükisch

HAMITO-SEMITISCH
- Semitisch: Arabisch
- Hamitisch: Berberisch

KAUKASISCH
- Kaukasisch: Südkaukasisch, Nordkaukasisch

Vertriebene, Flüchtlinge und Zwangsevakuierte: über 1 Mill. / 500 000 – 1 Mill. / 100 000 – 500 000 / unter 100 000

Hitler begann 1939 die Umsiedlung von Volksdeutschen 1 000 000

In der deutschen Rüstungsindustrie fehlten Arbeitskräfte; Hitler brachte Millionen von Fremdarbeitern nach Deutschland. Außerdem verwandte er dazu Kriegsgefangene und verschleppte Millionen von Menschen aus den besetzten Gebieten. Die Alliierten befreiten 1945 . . . . 9 000 000

Hitler siedelte nach dem Polenfeldzug zwangsweise Polen aus dem Warthegau und Westpreußen in das Generalgouvernement um 1 500 000

Deutschland und Italien versuchten nach dem Balkanfeldzug eine »Neuordnung der Territorien«; Ungarn, Serben, Kroaten, Rumänen, Bulgaren und Griechen flüchteten oder wurden umgesiedelt 1 200 000

Die Alliierten repatriierten von den 9 000 000 Menschen 8 000 000; Menschen aus Ost- und Südosteuropa emigrierten mit Hilfe der Westmächte nach West-, Nordeuropa und nach Übersee (Kanada, USA, Südamerika, Israel und Australien) 800 000

Der Zusammenbruch Italie[ns] Kapitulation Deutschlands Flucht und Ausweisung a[us]
a) Italien mußte Flüchtli[nge] Libyen und Ostafrika a[...]
b) Finnland mußte ausge[...]
c) Während des griechisch[...]
d) In den Satellitenstaate[n] austausch von Tsche[chen] und Rumänen . . .
e) Die Volksrepublik Bulg[arien ...]

Kriegstote · Vertriebene

Die Toten des 1. Weltkrieges

Deutschland	1.808.000
Rußland	1.700.000
Frankreich	1.300.000
Österreich – Ungarn	1.300.000
Großbritannien	800.000
Italien	460.000
Serbien	365.000
Türkei	325.000
Rumänien	250.000
Belgien	40.000
Bulgarien	33.000
Griechenland	25.000
Montenegro	13.000

Die Toten des 2. Weltkrieges

Sowjetunion	20.600.000
Deutschland	7.550.000
Polen	4.050.000
Jugoslawien	1.515.000
Rumänien	775.000
Frankreich	580.000
Österreich	470.000
Tschechoslowakei	470.000
Ungarn	420.000
Großbritannien	390.000
Italien	375.000
Litauen	278.000
Niederlande	212.000
Lettland	200.000
Griechenland	180.000
Belgien	90.000
Finnland	85.000
Estland	69.000
Bulgarien	20.000
Norwegen	10.000

† = 1 Mill. Tote   † = 100 000 Tote   + = 10 000 Tote

Vertriebene u. Flüchtlinge in der BRD

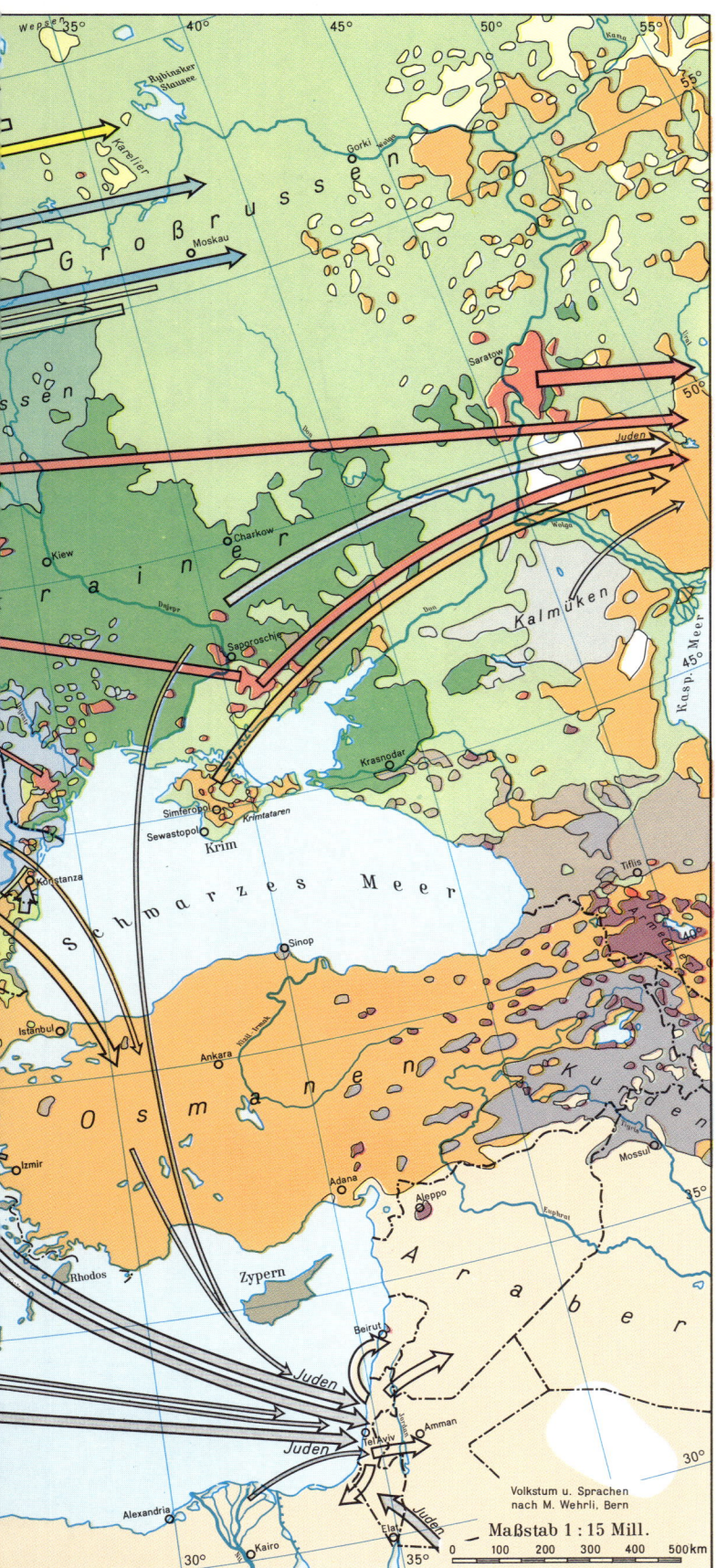

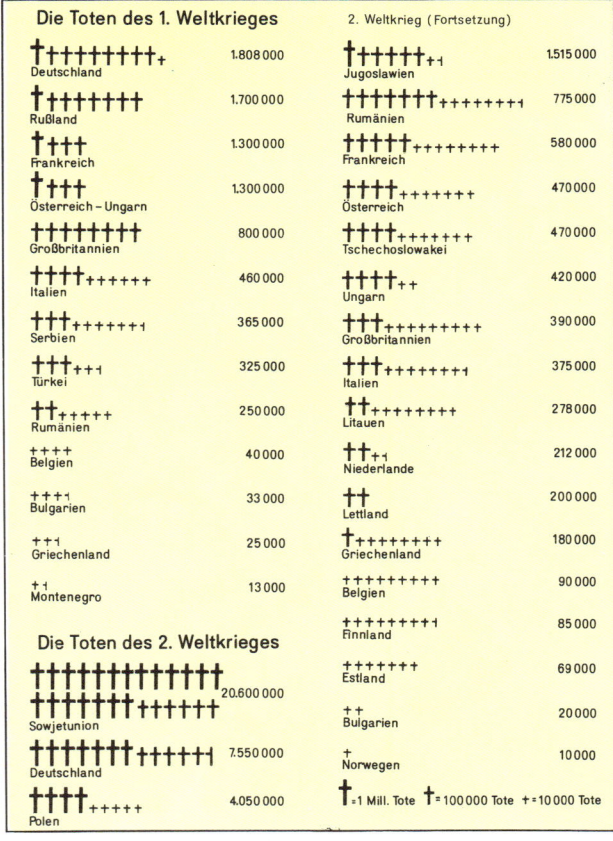

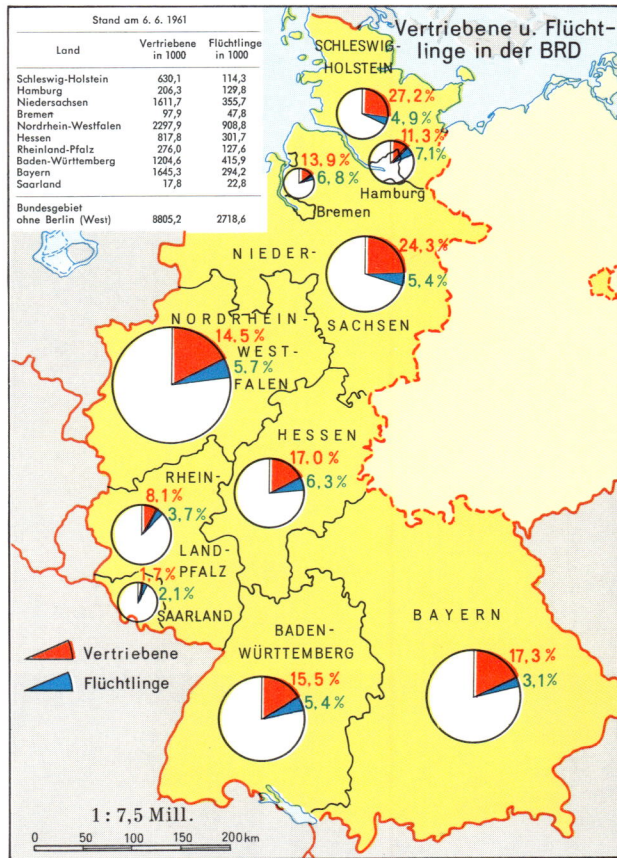

Stand am 6. 6. 1961

Land	Vertriebene in 1000	Flüchtlinge in 1000
Schleswig-Holstein	630,1	114,3
Hamburg	206,3	129,8
Niedersachsen	1611,7	355,7
Bremen	97,6	47,8
Nordrhein-Westfalen	2297,9	908,8
Hessen	817,8	301,7
Rheinland-Pfalz	276,0	127,6
Baden-Württemberg	1204,6	415,9
Bayern	1645,3	294,2
Saarland	17,8	22,8
Bundesgebiet ohne Berlin (West)	8805,2	2718,6

Maßstab 1 : 15 Mill.
1 : 7,5 Mill.

Volkstum u. Sprachen nach M. Wehrli, Bern

Die UdSSR siedelte während des Krieges und nach 1945 Balten, Polen, Ukrainer, Kaukasier, Wolgadeutsche um; viele davon wurden nach Sibirien deportiert . . . 4 000 000

Die Angehörigen der Armee des auf seiten der Alliierten kämpfenden polnischen Generals Anders wurden in Großbritannien aufgenommen 200 000

Vertriebene Deutsche:
a) die vier Besatzungszonen nahmen auf 12 500 000
b) Österreich nahm auf 400 000

Die durch die Ausweisung frei gewordenen Gebiete wurden durch Russen (Baltenstaaten und Ostpreußen), Polen (Ostpreußen, Schlesien, Ostbrandenburg und Pommern), Tschechen und Slowaken (Sudetenland) bevölkert 9 000 000

Der Zwangsherrschaft in der Sowjetischen Besatzungszone entzog sich seit 1945 fast ein Viertel der Bevölkerung 3 700 000

Aus Ungarn flohen während des Aufstandes 1956 . . 175 000

Jüdische Einwanderer in den 1948 gegründeten Staat Israel mehr als 1 000 000

42 Europa nach dem Zweiten Weltkrieg

General Franco (*1892), seit dem Spanischen Bürgerkrieg (1936–1939) autoritärer Staatschef, blieb im 2. Weltkrieg neutral

Elisabeth II. (*1926), seit 1952 Königin von England, zugleich Haupt der britischen Völkerfamilie (Commonwealth of Nations)

General de Gaulle (1890–1970) organisierte seit 1940 den Widerstand Frankreichs, trat 1946 zurück. 1958 Ministerpräsident, 1959–69 Staatspräsident

Marschall Tito, eigentlich Josip Broz (*1892), ab 1941 kommunistischer Partisanenführer, seit 1953 Staatschef Jugoslawiens

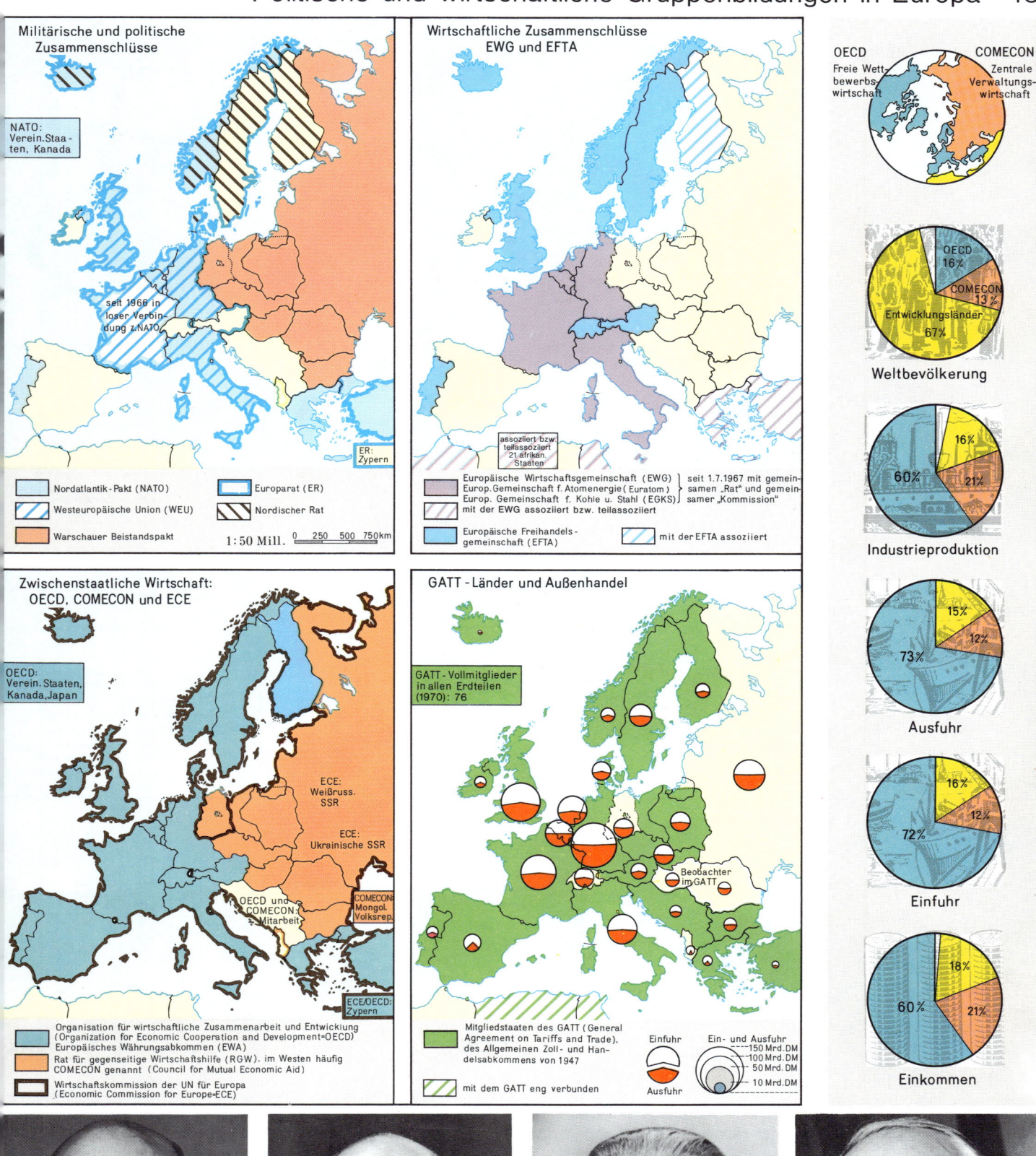

Politische und wirtschaftliche Gruppenbildungen in Europa 43

Militärische und politische Zusammenschlüsse

NATO: Verein. Staaten, Kanada

seit 1966 in loser Verbindung z. NATO

ER: Zypern

- Nordatlantik-Pakt (NATO)
- Westeuropäische Union (WEU)
- Warschauer Beistandspakt
- Europarat (ER)
- Nordischer Rat

1:50 Mill. 0 250 500 750 km

Wirtschaftliche Zusammenschlüsse EWG und EFTA

assoziiert bzw. teilassoziiert 21 afrikan. Staaten

- Europäische Wirtschaftsgemeinschaft (EWG)
- Europ. Gemeinschaft f. Atomenergie (Euratom)
- Europ. Gemeinschaft f. Kohle u. Stahl (EGKS)
  seit 1.7.1967 mit gemeinsamen „Rat" und gemeinsamer „Kommission"
- mit der EWG assoziiert bzw. teilassoziiert
- Europäische Freihandelsgemeinschaft (EFTA)
- mit der EFTA assoziiert

Zwischenstaatliche Wirtschaft: OECD, COMECON und ECE

OECD: Verein. Staaten, Kanada, Japan

ECE: Weißruss. SSR
ECE: Ukrainische SSR
OECD und COMECON: Mitarbeit
COMECON: Mongol. Volksrep.
ECE/OECD: Zypern

- Organisation für wirtschaftliche Zusammenarbeit und Entwicklung (Organization for Economic Cooperation and Development=OECD) Europäisches Währungsabkommen (EWA)
- Rat für gegenseitige Wirtschaftshilfe (RGW), im Westen häufig COMECON genannt (Council for Mutual Economic Aid)
- Wirtschaftskommission der UN für Europa (Economic Commission for Europe=ECE)

GATT - Länder und Außenhandel

GATT - Vollmitglieder in allen Erdteilen (1970): 76

Beobachter im GATT

- Mitgliedstaaten des GATT (General Agreement on Tariffs and Trade), des Allgemeinen Zoll- und Handelsabkommens von 1947
- mit dem GATT eng verbunden

Einfuhr / Ausfuhr

Ein- und Ausfuhr
- 150 Mrd. DM
- 100 Mrd. DM
- 50 Mrd. DM
- 10 Mrd. DM

OECD / COMECON
Freie Wettbewerbswirtschaft / Zentrale Verwaltungswirtschaft

Weltbevölkerung
- OECD 16%
- COMECON 13%
- Entwicklungsländer 67%

Industrieproduktion
- 60%
- 21%
- 16%

Ausfuhr
- 73%
- 15%
- 12%

Einfuhr
- 72%
- 16%
- 12%

Einkommen
- 60%
- 18%
- 21%

Robert Schuman (1886–1963), französischer Außenminister, Vorkämpfer für deutsch-französische Verständigung und ein vereintes Europa

Paul-Henri Spaak (*1899), belgischer Ministerpräsident, 1. Präsident des Europarates, Generalsekretär der NATO 1957–61

Alcide de Gasperi (1881–1954), italienischer Ministerpräsident und Außenminister, eifriger Förderer europäischer Zusammenschlüsse

Walter Hallstein (*1901), 1951–58 Staatssekretär im Auswärtigen Amt, 1958–67 Präsident der Kommission der EWG (Europäische Wirtschaftsgemeinschaft)

44 Geteiltes Deutschland

Mitteleuropa nach dem 2. Weltkrieg

Maßstab 1 : 7,5 Mill.
0 50 100 150 200 km

1945 Ende des (Groß-) Deutschen Reiches. Abtrennung Österreichs; Dt. Ostgebiete unter sowjet. bzw. poln. Verwaltung gestellt; Restdeutschland in Besatzungszonen geteilt (oberste Gewalt: Alliierter Kontrollrat)

1947 Zusammenfassung der Britischen und Amerikanischen Zone zur Bizone

1948 Verschärfung des Gegensatzes zwischen Ost und West: Aufhören sowjet. Mitarbeit im Kontrollrat

1949 Im Bereich der drei Westzonen Ablösung der Militärregierung durch die Alliierte Hohe Kommission (bis 1955) und Errichtung der Bundesrepublik Deutschland (BRD)

1955 Ende des Besatzungsregimes in der Bundesrepublik Deutschland (aus Besatzungstruppen werden NATO-Verbündete) - DDR souverän

1956 Aufstellung der Bundeswehr im Rahmen der NATO

— Grenze des Deutschen Reiches 1937
--- Landesgrenze in der Bundesrepublik Deutschland (BRD)
⋯ Bezirksgrenze in der Deutschen Demokratischen Republik seit 1952
◎ Bonn   Hauptstadt
⊙ Mainz Landeshauptstadt in der BRD
○ Erfurt Bezirkshauptstadt in der DDR
— Besatzungszonengrenze in Deutschland oder Österreich bis 1955
▨ Gebiet der Internationalen Ruhrbehörde 1949–1952

| Grenze | gepflügter Todesstreifen 10 m | abgeholzter Sichtstreifen 25 m | Minenfeld 25 m | Kontrollstreifen 5 m | Sicherungsstreifen 150 m |

Theodor Heuss (1884–1963), erster Präsident der Bundesrepublik Deutschland 1949–59

Gustav Heinemann (*1899) Bundesminister des Inneren, dann der Justiz, seit 1969 Bundespräsident

Konrad Adenauer (1876–1967), 1949–63 Bundeskanzler, konnte das deutsche Ansehen in der Welt wieder aufrichten

Willy Brandt (*1913), 1957–66 Reg. Bürgermeister von Westberlin, 1966 Außenminister, 1969 Bundeskanzler

Geteiltes Berlin 45

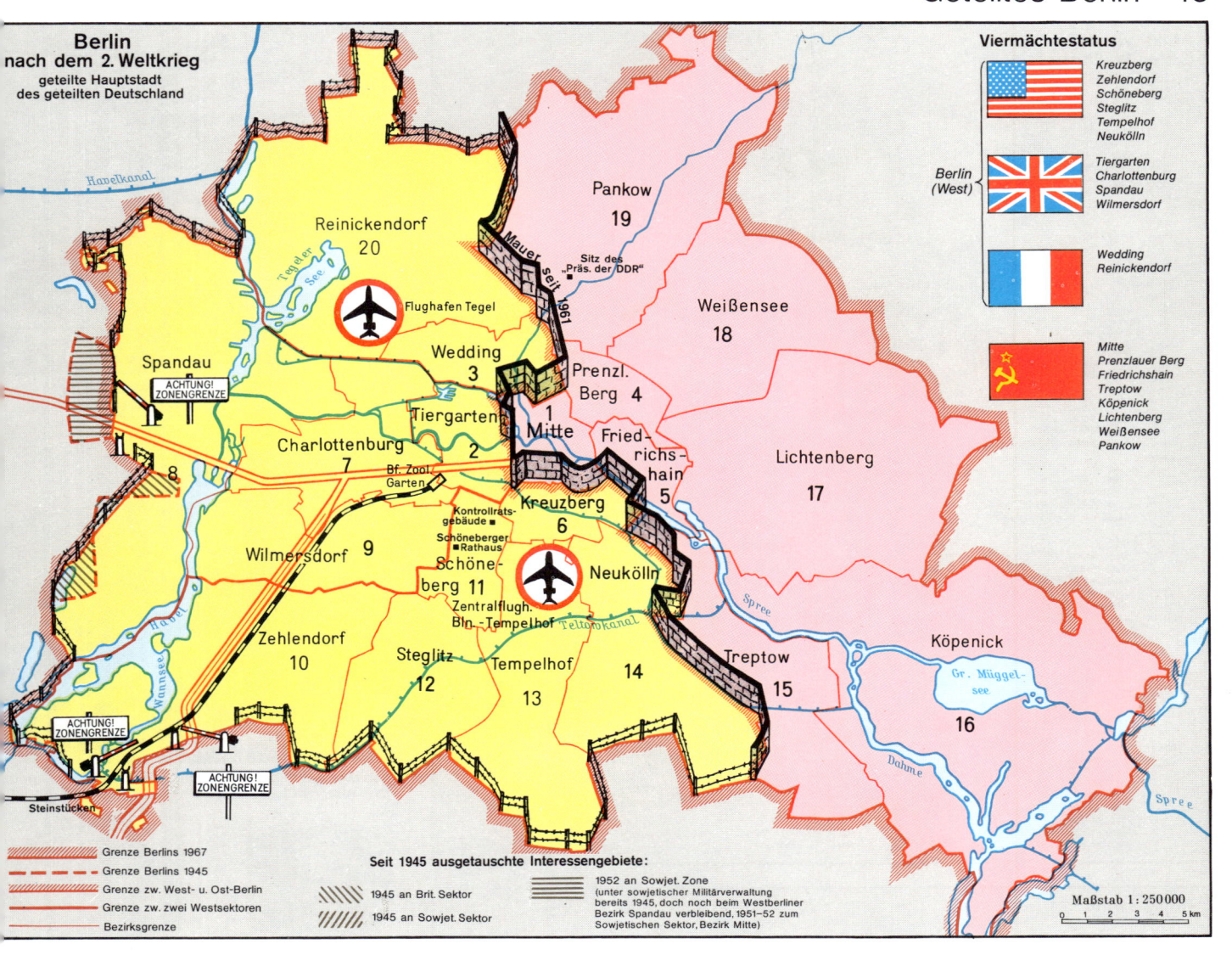

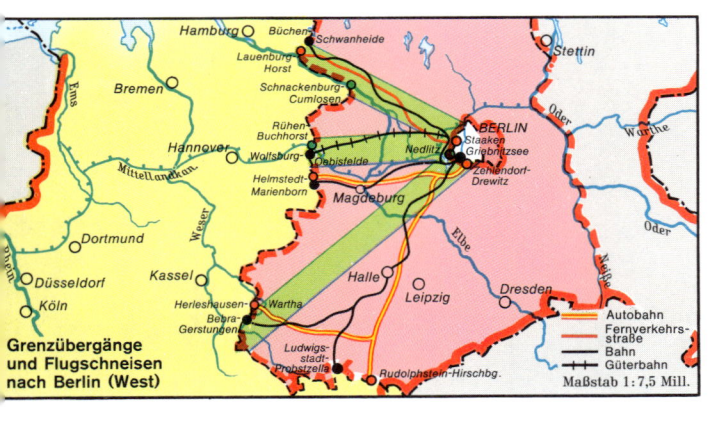

Berlin nach dem 2. Weltkrieg
geteilte Hauptstadt des geteilten Deutschland

Viermächtestatus

🇺🇸 Kreuzberg, Zehlendorf, Schöneberg, Steglitz, Tempelhof, Neukölln

Berlin (West)

🇬🇧 Tiergarten, Charlottenburg, Spandau, Wilmersdorf

🇫🇷 Wedding, Reinickendorf

🚩 Mitte, Prenzlauer Berg, Friedrichshain, Treptow, Köpenick, Lichtenberg, Weißensee, Pankow

Bezirke:
- Mitte 1
- Tiergarten 2
- Wedding 3
- Prenzl. Berg 4
- Friedrichshain 5
- Kreuzberg 6
- Charlottenburg 7
- Spandau 8
- Wilmersdorf 9
- Zehlendorf 10
- Schöneberg 11
- Steglitz 12
- Tempelhof 13
- Neukölln 14
- Treptow 15
- Köpenick 16
- Lichtenberg 17
- Weißensee 18
- Pankow 19
- Reinickendorf 20

Sitz des „Präs. der DDR"
Mauer seit 1961
Flughafen Tegel
Kontrollratsgebäude
Schöneberger Rathaus
Bf. Zool. Garten
Zentralflugh. Bln.-Tempelhof
Steinstücken

Legende:
- Grenze Berlins 1967
- Grenze Berlins 1945
- Grenze zw. West- u. Ost-Berlin
- Grenze zw. zwei Westsektoren
- Bezirksgrenze

Seit 1945 ausgetauschte Interessengebiete:
- 1945 an Brit. Sektor
- 1945 an Sowjet. Sektor
- 1952 an Sowjet. Zone (unter sowjetischer Militärverwaltung bereits 1945, doch noch beim Westberliner Bezirk Spandau verbleibend, 1951–52 zum Sowjetischen Sektor, Bezirk Mitte)

Maßstab 1:250 000

Grenzübergänge und Flugschneisen nach Berlin (West)
Maßstab 1:7,5 Mill.
- Autobahn
- Fernverkehrsstraße
- Bahn
- Güterbahn

Vom 24. 6. 1948 bis 12. 5. 1949 blockierten die Sowjets West-Berlin, um die Westmächte hinauszudrängen. Durch eine Luftbrücke retteten Amerikaner und Briten die Freiheit. — Luftbrückendenkmal vor dem Flughafen Tempelhof

Ernst Reuter (1889–1953), 1948 Oberbürgermeister, unermüdlicher Streiter für die Freiheit

Volksaufstand am 17. Juni 1953. Mit Pflastersteinen gegen sowjetische Panzer. Der Versuch, das totalitäre System abzuschütteln, scheiterte

Mit Mauern, Stacheldraht, Minenfeldern und Wachttürmen verwandelten die Machthaber in Pankow die sowjetische Besatzungszone in ein fast perfektes Gefängnis

46 Afrika im Umbruch

Afrika vor dem Ersten Weltkrieg

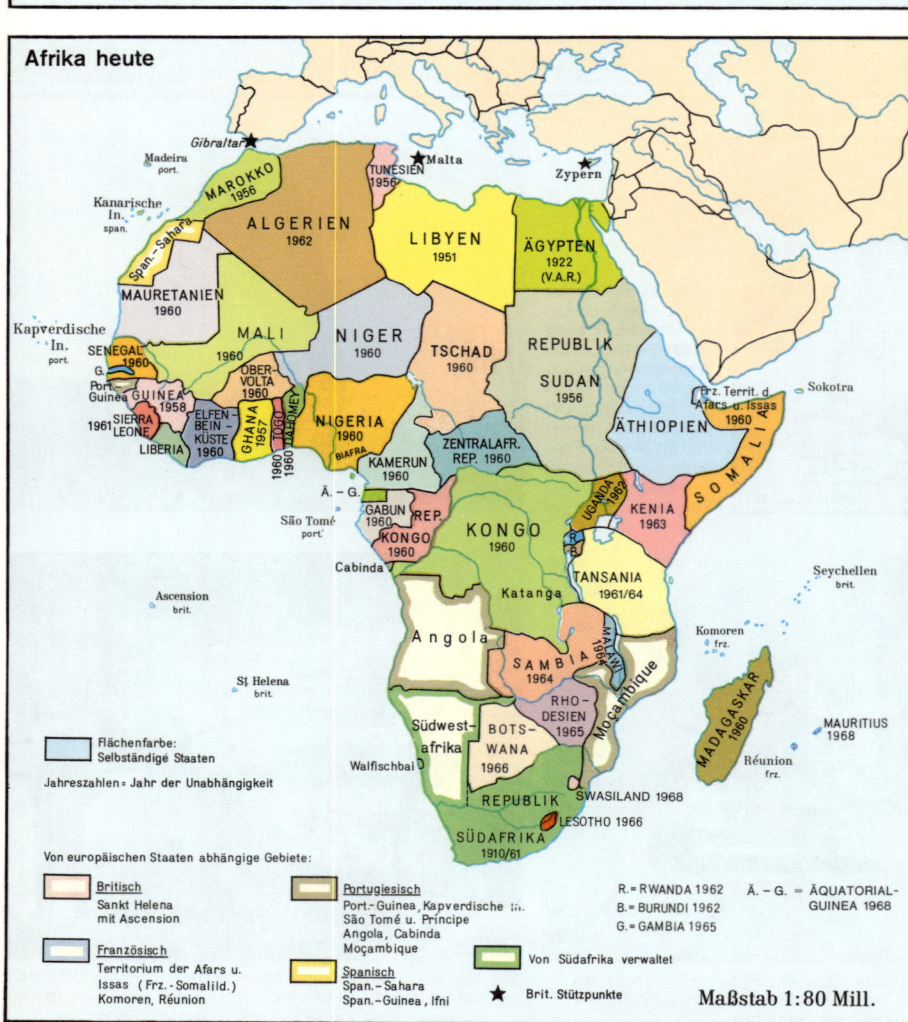

Flächenfarbe: Selbständige Staaten

Von europäischen Staaten abhängige Gebiete:

Deutsch
- Togo 1884
- Kamerun 1884/1911
- Deutsch-Südwestafrika 1884/90
- Deutsch-Ostafrika 1885/90

Britisch
- Sierra Leone 1787
- Gambia 1816
- Basutoland 1868
- Goldküste 1873/99
- Walfischbai 1878
- Anglo-Ägypt. Sudan 1878/99
- Ägypten 1882
- Brit.-Somaliland 1884
- Nigeria 1884/1900
- Betschuanaland 1885
- Kenia 1886/95, Sansibar 1890
- Südrhodesien 1888/89
- Uganda 1890/95
- Nordrhodesien, Njassald. 1891/1911
- Swasiland 1902

Französisch
- Franz.-Westafrika 1817/1914
- Algerien 1830/1900
- Franz.-Äquatorialafrika 1839/1914
- Komoren 1841/86, Madagaskar 1855/96
- Tunesien 1881
- Franz.-Somaliland 1884
- Marokko 1911

Portugiesisch
- Port.-Guinea 1484
- Angola 1484/1905
- Moçambique 1502/1885
- Cabinda 1886/1901

Spanisch
- Río de Oro 1884/1912
- Río Muni 1900, Ifni 1912
- Span.-Marokko 1912

Belgisch
- Belgisch-Kongo 1908 (bis 1908 Kongostaat)

Italienisch
- Eritrea 1885/90
- Ital.-Somaliland 1887/1905
- Libyen 1912

Jahreszahlen = Beginn der Kolonialherrschaft
★ Brit. Stützpunkte

Afrika heute

Flächenfarbe: Selbständige Staaten
Jahreszahlen = Jahr der Unabhängigkeit

Von europäischen Staaten abhängige Gebiete:

Britisch
- Sankt Helena mit Ascension

Französisch
- Territorium der Afars u. Issas (Frz.-Somalild.)
- Komoren, Réunion

Portugiesisch
- Port.-Guinea, Kapverdische In.,
- São Tomé u. Príncipe
- Angola, Cabinda
- Moçambique

Spanisch
- Span.-Sahara
- Span.-Guinea, Ifni

Von Südafrika verwaltet

★ Brit. Stützpunkte

R. = RWANDA 1962
B. = BURUNDI 1962
G. = GAMBIA 1965
Ä.-G. = ÄQUATORIAL-GUINEA 1968

Maßstab 1:80 Mill.

Entwicklungshilfe in Afrika: Baumschule in Mauretanien für trockene Gebiete

Unabhängigkeitstag in Kenia: Vizepräsident Oginga, Brigadier Hardy, Präsident Kenyatta, Colonel Ndolo

Habib Burgiba (*1903), seit 1957 Staatspräsident von Tunesien

Gamal Abd el-Nasser (1918–1970), 1956 Staatspräsident von Ägypten

Daniel Malan (1874–1959), 1948 Ministerpräsident der Südafrikanischen Union

Haile Selassie I. (*1892), 1928 König, seit 1930 Kaiser von Äthiopien

Der Anteil Afrikas an der Welterzeugung

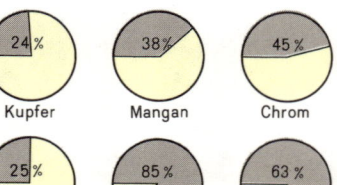

- Kupfer 24%
- Mangan 38%
- Chrom 45%
- Vanadium 70%
- Uran 25%
- Kobalt 85%
- Gold 63%
- Diamanten 98,5%

Asien im Umbruch 47

Ausbildung an der Werkzeugbank, deutsche Gewerbeschule in Südkorea

Gesamtplan der Stahlwerke in Rourkela, deutsche Entwicklungshilfe für Indien

Mahatma Gandhi (1869–1948) errang für Indien Unabhängigkeit

Mao Tse-tung (*1893), kommunist. Parteichef, 1949–59 Präsident Chinas

Pandit Nehru (1899-1964), 1. Ministerpräsident Indiens seit 1946

Ho Tschi Minh (1890 – 1969) 1954 Staatspräsident von Nordvietnam

Der Anteil Asiens an der Welterzeugung

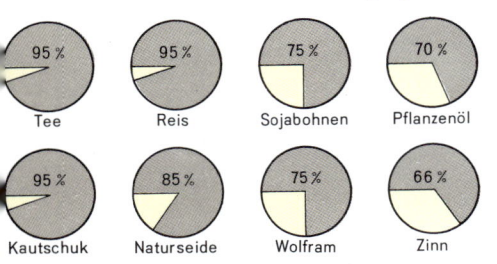

95 % Tee	95 % Reis	75 % Sojabohnen	70 % Pflanzenöl
95 % Kautschuk	85 % Naturseide	75 % Wolfram	66 % Zinn

Asien vor dem Ersten Weltkrieg

RUSSISCHES REICH (bis 1917)

Kasachstan
Turkestan 1856/95 russ.
Äußere Mongolei 1912 Abfall von China russ. Einflußgebiet
Sinkiang 1907 russ. Einfluß-gebiet
Amurprov.
Küstenprov.
Mandschurei 1900 (bis 1905) russ. besetzt
1905 jap.
Korea 1905/10 jap.
Port Arthur 1905 jap.
Kiautschou 1898 deutsches Pachtgebiet
JAPAN

OSMANISCHES REICH
Zypern 1878/1914 brit.
PERSIEN 1907 brit. Int. Sphäre
AFGHANISTAN
Kaschmir 1846 brit.
Belutschistan 1876/87 brit.
CHINESISCHES REICH 1912 Republik
Tibet 1912 Abfall von China
NEPAL BH.
1895 jap.
Macao port.
Hongkong 1842 brit.
Kwangtschouwan 1898 frz. Pachtgebiet
Philippinen (bis 1898 span.) 1898 an Ver. St.

Hadramaut
Aden 1839 brit.
Sokotra brit.
Britisch-Indien 1876 Kaiserreich unter brit. Verw.
Goa port.
frz. port. frz.
Birma 1824/86 brit.
Frz.-Indochina
SIAM 1863/93 frz.
Andamanen 1858 brit.
Nikobaren 1869 brit.
Brit.-Nord-borneo seit 1881/88
Sarawak 1888 brit.

Malediven 1796/1815 brit.
Ceylon 1796/1815 brit.
Malaiische Föderation 1867/89 brit.
Singapur 1819 brit.
Sumatra
Borneo
Celebes
Niederländisch-Indien 1609/1907
Java
Timor port.
Christmas I. 1889 brit.

Flächenfarbe: Selbständige Staaten

Abhängige Gebiete:
- Britisch
- Französisch
- Deutsch
- Niederländisch
- Portugiesisch
- US-amerikanisch
- Japanische Außenbesitzungen

Interessensphären:
- Britisch
- Französisch
- Deutsch
- Japanisch
- Russisch

★ Britische Stützpunkte

Russisches Reich 1855
Russisches Reich 1914

Asien heute

SOWJETUNION seit 1922
1939/47 sowj.
Sachalin 1945/51 sowj.

TÜRKEI
Zypern 1960
1943 SYRIEN 1944
1946 JORD.
IRAK 1932
KU. 1961
IRAN
SAUDI-ARABIEN
B. K.
JEMEN
SÜDJEMEN 1967

1944 sowj.
MONGOLISCHE VOLKSREPUBLIK 1921/45
Mandschurei 1946 chines. besetzt
N.-KOREA 1945/48
S.-KOREA 1945/48
Port Arthur 1945 (bis 1955) sowj. Basis

Sinkiang 1928 sowj. Einflußgebiet 1949 chines. besetzt
AFGHANISTAN
Kaschmir seit 1947 strittig
PAKISTAN 1947
Tibet 1912 (bis 1950) autonom 1950 chines. besetzt
CHINA 1949 Volksrep.
Taiwan (Formosa) 1945 chines. NATIONALCHINA seit 1950
Hongkong brit.
Macao port.

1958 pak.
NEPAL BH.
PAK.
INDIEN 1947
1961 ind.
BIRMA 1947/48
LAOS 1953/54
N.-VIETNAM 1945/54
THAILAND
KAMB. 1949/54
S.-VIETNAM
1954 ind.
Sokotra
Lakkadiven ind.
MALE-DIVEN 1965
Andamanen ind.
Nikobaren ind.
CEYLON 1948
MALAYSIA 1957
Sabah brit.
Brunei brit.
Sarawak 1963
SINGAPUR 1959/65
Borneo
Celebes
INDONESIEN 1945/49
Sumatra
Java
Timor port.

A.V. = ARABISCHE VERTRAGSSTAATEN
B. = BAHRAIN
BH. = BHUTAN
I. = ISRAEL
K. = KATAR
KU. = KUWAIT
L. = LIBANON
S. = SIKKIM

Von europäischen Staaten abhängige Gebiete:
Britisch: Brunei, Hongkong
Portugiesisch: Timor, Macao

Jahreszahlen = Jahr der Unabhängigkeit
★ Brit. Stützpunkte

★ Gan

Maßstab 1 : 80 Mill.

48 Mächtegruppen, Krisenherde und Lebensstandard in der Welt

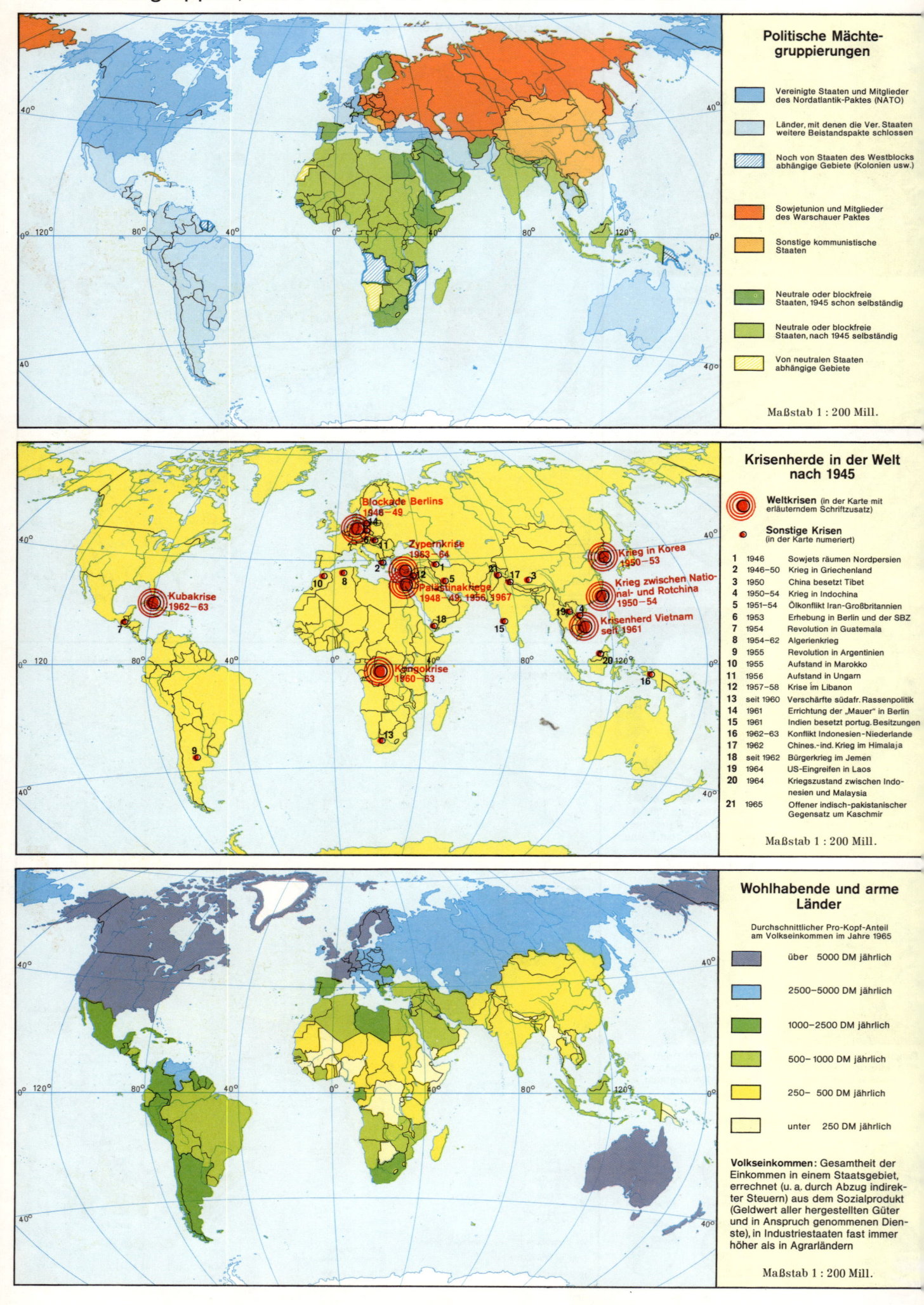

Politische Mächtegruppierungen

- Vereinigte Staaten und Mitglieder des Nordatlantik-Paktes (NATO)
- Länder, mit denen die Ver. Staaten weitere Beistandspakte schlossen
- Noch von Staaten des Westblocks abhängige Gebiete (Kolonien usw.)
- Sowjetunion und Mitglieder des Warschauer Paktes
- Sonstige kommunistische Staaten
- Neutrale oder blockfreie Staaten, 1945 schon selbständig
- Neutrale oder blockfreie Staaten, nach 1945 selbständig
- Von neutralen Staaten abhängige Gebiete

Maßstab 1 : 200 Mill.

Krisenherde in der Welt nach 1945

- **Weltkrisen** (in der Karte mit erläuterndem Schriftzusatz)
- **Sonstige Krisen** (in der Karte numeriert)

Weltkrisen auf der Karte:
- Blockade Berlins 1948–49
- Zypernkrise 1963–64
- Krieg in Korea 1950–53
- Krieg zwischen National- und Rotchina 1950–54
- Palästinakriege 1948–49, 1956, 1967
- Krisenherd Vietnam seit 1961
- Kubakrise 1962–63
- Kongokrise 1960–63

Nr.	Jahr	Ereignis
1	1946	Sowjets räumen Nordpersien
2	1946–50	Krieg in Griechenland
3	1950	China besetzt Tibet
4	1950–54	Krieg in Indochina
5	1951–54	Ölkonflikt Iran-Großbritannien
6	1953	Erhebung in Berlin und der SBZ
7	1954	Revolution in Guatemala
8	1954–62	Algerienkrieg
9	1955	Revolution in Argentinien
10	1955	Aufstand in Marokko
11	1956	Aufstand in Ungarn
12	1957–58	Krise im Libanon
13	seit 1960	Verschärfte südafr. Rassenpolitik
14	1961	Errichtung der „Mauer" in Berlin
15	1961	Indien besetzt portug. Besitzungen
16	1962–63	Konflikt Indonesien-Niederlande
17	1962	Chines.-ind. Krieg im Himalaja
18	seit 1962	Bürgerkrieg im Jemen
19	1964	US-Eingreifen in Laos
20	1964	Kriegszustand zwischen Indonesien und Malaysia
21	1965	Offener indisch-pakistanischer Gegensatz um Kaschmir

Maßstab 1 : 200 Mill.

Wohlhabende und arme Länder

Durchschnittlicher Pro-Kopf-Anteil am Volkseinkommen im Jahre 1965

- über 5000 DM jährlich
- 2500–5000 DM jährlich
- 1000–2500 DM jährlich
- 500–1000 DM jährlich
- 250–500 DM jährlich
- unter 250 DM jährlich

Volkseinkommen: Gesamtheit der Einkommen in einem Staatsgebiet, errechnet (u. a. durch Abzug indirekter Steuern) aus dem Sozialprodukt (Geldwert aller hergestellten Güter und in Anspruch genommenen Dienste), in Industriestaaten fast immer höher als in Agrarländern

Maßstab 1 : 200 Mill.